心一堂術數古籍珍本叢刊

書名：紫微斗數宣微（三集）——斗數觀測錄（民國原本附點校本二種）
系列：心一堂術數古籍珍本叢刊　星命類　紫微斗數系列　第一輯　5
作者：【民國】孫竹田
主編、責任編輯：陳劍聰
心一堂術數古籍珍本叢刊編校小組：陳劍聰　素聞　鄒偉才　虛白盧主　丁鑫華

出版：心一堂有限公司
通訊地址：香港九龍旺角彌敦道六一〇號荷李活商業中心十八樓〇五—〇六室
深港讀者服務中心：中國深圳市羅湖區立新路六號羅湖商業大廈負一層〇〇八室
電話號碼：(852)9027-7110
網址：publish.sunyata.cc
電郵：sunyatabook@gmail.com
網店：http://book.sunyata.cc
淘寶店地址：https://sunyata.taobao.com
微店地址：https://weidian.com/s/1212826297
臉書：https://www.facebook.com/sunyatabook
讀者論壇：http://bbs.sunyata.cc/

版次：二零二一年五月初版
平裝

定價：港幣　一百九十八元正
新台幣　七百九十八元正

國際書號：ISBN 978-988-8583-85-0

香港發行：香港聯合書刊物流有限公司
地址：香港新界荃灣德士古道二二〇—二四八號荃灣工業中心十六樓
電話號碼：(852)2150-2100
傳真號碼：(852)2407-3062
電郵：info@suplogistics.com.hk
網址：http://www.suplogistics.com.hk

台灣發行：秀威資訊科技股份有限公司
地址：台灣台北市內湖區瑞光路七十六巷六十五號一樓
電話號碼：+886-2-2796-3638
傳真號碼：+886-2-2796-1377
網絡書店：www.bodbooks.com.tw
台灣秀威書店讀者服務中心：
地址：台灣台北市中山區松江路二〇九號一樓
電話號碼：+886-2-2518-0207
傳真號碼：+886-2-2518-0778
網絡書店：http://www.govbooks.com.tw

中國大陸發行　零售：深圳心一堂文化傳播有限公司
深圳地址：深圳市羅湖區立新路六號羅湖商業大廈負一層〇〇八室
電話號碼：(86)0755-82224934

心一堂微店二維碼
心一堂淘寶店二維碼

心一堂術數古籍 珍本 整理 叢刊 總序

術數定義

術數，大概可謂以「推算（推演）、預測人（個人、群體、國家等）、事、物、自然現象、時間、空間方位等規律及氣數，並或通過種種『方術』，從而達致趨吉避凶或某種特定目的」之知識體系和方法。

術數類別

我國術數的內容類別，歷代不盡相同，例如《漢書・藝文志》中載，漢代術數有六類：天文、曆譜、五行、蓍龜、雜占、形法。至清代《四庫全書》，術數類則有：數學、占候、相宅相墓、占卜、命書、相書、陰陽五行、雜技術等，其他如《後漢書・方術部》、《藝文類聚・方術部》、《太平御覽・方術部》等，對於術數的分類，皆有差異。古代多把天文、曆譜、及部分數學均歸入術數類，而民間流行亦視傳統醫學作為術數的一環；此外，有些術數與宗教中的方術亦往往難以分開。現代民間則常將各種術數歸納為五大類別：命、卜、相、醫、山，通稱「五術」。

本叢刊在《四庫全書》的分類基礎上，將術數分為九大類別：占筮、星命、相術、堪輿、選擇、三式、讖諱、理數（陰陽五行）、雜術（其他）。而未收天文、曆譜、算術、宗教方術、醫學。

術數思想與發展——從術到學，乃至合道

我國術數是由上古的占星、卜筮、形法等術發展下來的。其中卜筮之術，是歷經夏商周三代而通過「龜卜、蓍筮」得出卜（筮）辭的一種預測（吉凶成敗）術，之後歸納並結集成書，此即現傳之《易

經》。經過春秋戰國至秦漢之際，受到當時諸子百家的影響、儒家的推崇，遂有《易傳》等的出現，原本是卜筮術書的《易經》，被提升及解讀成有包涵「天地之道（理）」之學。因此，《易・繫辭傳》曰：「易與天地準，故能彌綸天地之道。」

漢代以後，易學中的陰陽學說，與五行、九宮、干支、氣運、災變、律曆、卦氣、讖緯、天人感應說等相結合，形成易學中象數系統。而其他原與《易經》本來沒有關係的術數，如占星、形法、選擇，亦漸漸以易理（象數學說）為依歸。《四庫全書・易類小序》云：「術數之興，多在秦漢以後。要其旨，不出乎陰陽五行，生尅制化。實皆《易》之支派，傳以雜說耳。」至此，術數可謂已由「術」發展成「學」。

及至宋代，術數理論與理學中的河圖洛書、太極圖、邵雍先天之學及皇極經世等學說給合，通過術數以演繹理學中「天地中有一太極，萬物中各有一太極」（《朱子語類》）的思想。術數理論不單已發展至十分成熟，而且也從其學理中衍生一些新的方法或理論，如《梅花易數》、《河洛理數》等。

在傳統上，術數功能往往不止於僅僅作為趨吉避凶的方術，及「能彌綸天地之道」的學問，亦有其「修心養性」的功能，「與道合一」（修道）的內涵。《素問・上古天真論》：「上古之人，其知道者，法於陰陽，和於術數。」數之意義，不單是外在的算數、歷數、氣數，而是與理學中同等的「道」、「理」--心性的功能，北宋理氣家邵雍對此多有發揮：「聖人之心，是亦數也」、「萬化萬事生乎心」、「心為太極」。《觀物外篇》：「先天之學，心法也。……蓋天地萬物之理，盡在其中矣，心一而不分，則能應萬物。」反過來說，宋代的術數理論，受到當時理學、佛道及宋易影響，認為心性本質上是等同天地之太極。天地萬物氣數規律，能通過內觀自心而有所感知，即是內心也已具備有術數的推演及預測、感知能力；相傳是邵雍所創之《梅花易數》，便是在這樣的背景下誕生。

《易・文言傳》已有「積善之家，必有餘慶；積不善之家，必有餘殃」之說，至漢代流行的災變說及讖緯說，我國數千年來都認為天災，異常天象（自然現象），皆與一國或一地的施政者失德有關；下至家族、個人之盛衰，也都與一族一人之德行修養有關。因此，我國術數中除了吉凶盛衰理數之外，人心的德行修養，也是趨吉避凶的一個關鍵因素。

術數與宗教、修道

在這種思想之下，我國術數不單只是附屬於巫術或宗教行為的方術，又往往是一種宗教的修煉手段--通過術數，以知陰陽，乃至合陰陽（道）。「其知道者，法於陰陽，和於術數。」例如，「奇門遁甲」術中，即分為「術奇門」與「法奇門」兩大類。「法奇門」中有大量道教中符籙、手印、存想、內煉的內容，是道教內丹外法的一種重要外法修煉體系。甚至在雷法一系的修煉上，亦大量應用了術數內容。此外，相術、堪輿術中也有修煉望氣（氣的形狀、顏色）的方法；堪輿家除了選擇陰陽宅之吉凶外，也有道教中選擇適合修道環境（法、財、侶、地中的地）的方法，以至通過堪輿術觀察天地山川陰陽之氣，亦成為領悟陰陽金丹大道的一途。

易學體系以外的術數與的少數民族的術數

我國術數中，也有不用或不全用易理作為其理論依據的，如揚雄的《太玄》、司馬光的《潛虛》。也有一些占卜法、雜術不屬於《易經》系統，不過對後世影響較少而已。

外來宗教及少數民族中也有不少雖受漢文化影響（如陰陽、五行、二十八宿等學說。）但仍自成系統的術數，如古代的西夏、突厥、吐魯番等占卜及星占術，藏族中有多種藏傳佛教占卜術、苯教占卜術、擇吉術、推命術、相術等；北方少數民族有薩滿教占卜術；不少少數民族如水族、白族、布朗族、佤族、彝族、苗族等，皆有占雞（卦）草卜、雞蛋卜等術，納西族的占星術、占卜術，彝族畢摩的推命術、占卜術……等等，都是屬於《易經》體系以外的術數。相對上，外國傳入的術數以及其理論，對我國術數影響更大。

曆法、推步術與外來術數的影響

我國的術數與曆法的關係非常緊密。早期的術數中，很多是利用星宿或星宿組合的位置（如某星在某州或某宮某度）付予某種吉凶意義，并據之以推演，例如歲星（木星）、月將（某月太陽所躔之宮次）等。不過，由於不同的古代曆法推步的誤差及歲差的問題，若干年後，其術數所用之星辰的位置，已與真實星辰的位置不一樣了；此如歲星（木星），早期的曆法及術數以十二年為一周期（以應地支），與木星真實周期十一點八六年，每幾十年便錯一宮。後來術家又設一「太歲」的假想星體來解決，是歲星運行的相反，週期亦剛好是十二年。而術數中的神煞，很多即是根據太歲的位置而定。又如六壬術中的「月將」，原是立春節氣後太陽躔娵訾之次而稱作「登明亥將」，至宋代，因歲差的關係，要到雨水節氣後太陽才躔娵訾之次，當時沈括提出了修正，但明清時六壬術中「月將」仍然沿用宋代沈括修正的起法沒有再修正。

由於以真實星象周期的推步術是非常繁複，而且古代星象推步術本身亦有不少誤差，大多數術數除依曆書保留了太陽（節氣）、太陰（月相）的簡單宮次計算外，漸漸形成根據干支、日月等的各自起例，以起出其他具有不同含義的眾多假想星象及神煞系統。唐宋以後，我國絕大部分術數都主要沿用這一系統，也出現了不少完全脫離真實星象的術數，如《子平術》、《紫微斗數》、《鐵版神數》等。後來就連一些利用真實星辰位置的術數，如《七政四餘術》及選擇法中的《天星選擇》，也已與假想星象及神煞混合而使用了。

隨着古代外國曆（推步）、術數的傳入，如唐代傳入的印度曆法及術數，元代傳入的回回曆等，其中我國占星術便吸收了印度占星術中羅睺星、計都星等而形成四餘星，又通過阿拉伯占星術而吸收了其中來自希臘、巴比倫占星術的黃道十二宮、四大（四元素）學說（地、水、火、風），並與我國傳統的二十八宿、五行說、神煞系統並存而形成《七政四餘術》。此外，一些術數中的北斗星名，不用我國傳統的星名：天樞、天璇、天璣、天權、玉衡、開陽、搖光，而是使用來自印度梵文所譯的：貪狼、巨門、祿存、文曲，廉貞、武曲、破軍等，此明顯是受到唐代從印度傳入的曆法及占星術所影響。如星命術中的《紫微斗數》及堪輿術中的《撼龍經》等文獻中，其星皆用印度譯名。及至清初《時憲曆》，置閏之法則改用西法「定氣」。清代以後的術數，又作過不少的調整。

此外，我國相術中的面相術、手相術，唐宋之際受印度相術影響頗大，至民國初年，又通過翻譯歐西、日本的相術書籍而大量吸收歐西相術的內容，形成了現代我國坊間流行的新式相術。

陰陽學——術數在古代、官方管理及外國的影響

術數在古代社會中一直扮演着一個非常重要的角色，影響層面不單只是某一階層、某一職業、某一年齡的人，而是上自帝王，下至普通百姓，從出生到死亡，不論是生活上的小事如洗髮、出行等，大事如建房、入伙、出兵等，從個人、家族以至國家，從天文、氣象、地理到人事、軍事，從民俗、學術到宗教，都離不開術數的應用。我國最晚在唐代開始，已把以上術數之學，稱作陰陽（學），行術數者稱陰陽人。（敦煌文書、斯四三二七唐《師師漫語話》：「以下說陰陽人謾語話」，此說法後來傳入日本，今日本人稱行術數者為「陰陽師」）。一直到了清末，欽天監中負責陰陽術數的官員中，以及民間術數之士，仍名陰陽生。

古代政府的中欽天監（司天監），除了負責天文、曆法、輿地之外，亦精通其他如星占、選擇、堪輿等術數，除在皇室人員及朝庭中應用外，也定期頒行日書、修定術數，使民間對於天文、日曆用事吉凶及使用其他術數時，有所依從。

我國古代政府對官方及民間陰陽學及陰陽官員，從其內容、人員的選拔、培訓、認證、考核、律法監管等，都有制度。至明清兩代，其制度更為完善、嚴格。

宋代官學之中，課程中已有陰陽學及其考試的內容。（宋徽宗崇寧三年〔一一零四年〕崇寧算學令：「諸學生習……並曆算、三式、天文書。」「諸試……三式即射覆及預占三日陰陽風雨。天文即預

定一月或一季分野災祥，並以依經備草合問為通。」

金代司天臺，從民間「草澤人」（即民間習術數人士）考試選拔：「其試之制，以《宣明曆》試推步，及《婚書》、《地理新書》試合婚、安葬，並《易》筮法，六壬課、三命、五星之術。」（《金史》卷五十一・志第三十二・選舉一）

元代為進一步加強官方陰陽學對民間的影響、管理、控制及培育，除沿襲宋代、金代在司天監掌管陰陽學及中央的官學陰陽學課程之外，更在地方上增設陰陽學課程（《元史・選舉志一》：「世祖至元二十八年夏六月始置諸路陰陽學。」）地方上也設陰陽學教授員，培育及管轄地方陰陽人。（《元史・選舉志一》：「（元仁宗）延祐初，令陰陽人依儒醫例，於路、府、州設教授員，凡陰陽人皆管轄之，而上屬於太史焉。」）自此，民間的陰陽術士（陰陽人），被納入官方的管轄之下。

至明清兩代，陰陽學制度更為完善。中央欽天監掌管陰陽學，明代地方縣設陰陽學正術，各州設陰陽學典術，各縣設陰陽學訓術。陰陽人從地方陰陽學肄業或被選拔出來後，再送到欽天監考試。（《大明會典》卷二二三：「凡天下府州縣舉到陰陽人堪任正術等官者，俱從吏部送（欽天監），考中，送回選用；不中者發回原籍為民，原保官吏治罪。」）清代大致沿用明制，凡陰陽術數之流，悉歸中央欽天監及地方陰陽官員管理、培訓、認證。至今尚有「紹興府陰陽印」、「東光縣陰陽學記」等明代銅印，及某某縣某某之清代陰陽執照等傳世。

清代欽天監漏刻科對官員要求甚為嚴格。《大清會典》「國子監」規定：「凡算學之教，設肄業生。滿洲十有二人，蒙古、漢軍各六人，於各旗官學內考取。漢十有二人，於舉人、貢監生童內考取。附學生二十四人，由欽天監選送。教以天文演算法諸書，五年學業有成，舉人引見以欽天監博士用，貢監生童以天文生補用。」學生在官學肄業、貢監生肄業或考得舉人後，經過了五年對天文、算法、陰陽學的學習，其中精通陰陽術數者，會送往漏刻科。而在欽天監供職的官員，《大清會典則例》「欽天監」規定：「本監官生三年考核一次，術業精通者，保題升用。不及者，停其升轉，再加學習。如能黽勉供職，即予開復。仍不及者，降職一等，再令學習三年，能習熟者，准予開復，仍不能者，黜退。」除定期考核以定其升用降職外，《大清律例》中對陰陽術士不準確的推斷（妄言禍福）是要治罪的。《大清律例・一七八・術七・妄言禍福》：「凡陰陽術士，不許於大小文武官員之家妄言禍福，違者杖一百。其依經推算星命卜課，不在禁限。」大小文武官員延請的陰陽術士，自然是以欽天監漏刻科官員或地方陰陽官員為主。

官方陰陽學制度也影響鄰國如朝鮮、日本、越南等地，一直到了民國時期，鄰國仍然沿用着我國的多種術數。而我國的漢族術數，在古代甚至影響遍及西夏、突厥、吐蕃、阿拉伯、印度、東南亞諸國。

術數研究

術數在我國古代社會雖然影響深遠，「是傳統中國理念中的一門科學，從傳統的陰陽、五行、九宮、八卦、河圖、洛書等觀念作大自然的研究。……傳統中國的天文學、數學、煉丹術等，要到上世紀中葉始受世界學者肯定。可是，術數還未受到應得的注意。術數在傳統中國科技史、思想史，文化史、社會史，甚至軍事史都有一定的影響。……更進一步了解術數，我們將更能了解中國歷史的全貌。」（何丙郁《術數、天文與醫學中國科技史的新視野》，香港城市大學中國文化中心。）

可是術數至今一直不受正統學界所重視，加上術家藏秘自珍，又揚言天機不可洩漏，「（術數）乃吾國科學與哲學融貫而成一種學說，數千年來傳衍嬗變，或隱或現，全賴一二有心人為之繼續維繫，賴以不絕，其中確有學術上研究之價值，非徒癡人說夢，荒誕不經之謂也。其所以至今不能在科學中成立一種地位者，實有數因。蓋古代士大夫階級目醫卜星相為九流之學，多恥道之；而發明諸大師又故為惝恍迷離之辭，以待後人探索；間有一二賢者有所發明，亦秘莫如深，既恐洩天地之秘，復恐譏為旁門左道，始終不肯公開研究，成立一有系統說明之書籍，貽之後世。故居今日而欲研究此種學術，實一極困難之事。」（民國徐樂吾《子平真詮評註》，方重審序）

現存的術數古籍，除極少數是唐、宋、元的版本外，絕大多數是明、清兩代的版本。其內容也主要是明、清兩代流行的術數，唐宋或以前的術數及其書籍，大部分均已失傳，只能從史料記載、出土文獻、敦煌遺書中稍窺一鱗半爪。

術數版本

坊間術數古籍版本，大多是晚清書坊之翻刻本及民國書賈之重排本，其中豕亥魚魯，或任意增刪，往往文意全非，以至不能卒讀。現今不論是術數愛好者，還是民俗、史學、社會、文化、版本等學術研究者，要想得一常見術數書籍的善本、原版，已經非常困難，更遑論如稿本、鈔本、孤本等珍稀版本。在文獻不足及缺乏善本的情況下，要想對術數的源流、理法、及其影響，作全面深入的研究，幾不可能。

有見及此，本叢刊編校小組經多年努力及多方協助，在海內外搜羅了二十世紀六十年代以前漢文為主的術數類善本、珍本、鈔本、孤本、稿本、批校本等數百種，精選出其中最佳版本，分別輯入兩個系列：

一、心一堂術數古籍珍本叢刊

二、心一堂術數古籍整理叢刊

前者以最新數碼（數位）技術清理、修復珍本原本的版面，更正明顯的錯訛，部分善本更以原色彩色精印，務求更勝原本。并以每百多種珍本、一百二十冊為一輯，分輯出版，以饗讀者。

後者延請、稿約有關專家、學者，以善本、珍本等作底本，參以其他版本，古籍進行審定、校勘、注釋，務求打造一最善版本，方便現代人閱讀、理解、研究等之用。

限於編校小組的水平，版本選擇及考證、文字修正、提要內容等方面，恐有疏漏及舛誤之處，懇請方家不吝指正。

心一堂術數古籍珍本／整理叢刊編校小組

二零零九年七月序

二零一四年九月第三次修訂

哲學斗數觀測錄

華山陳希夷先生飛星紫微斗數原旨

斗數觀測錄序

吾人生於世間。各有所尙。各有所喜。上有好者。下必甚焉。前淸時代。對於古道。多所闡發。各種數學。徵求至再。彙成卷軸。以利世人。無奈流通稀少。力不足者。難窺全豹。以致求學無門。至成望洋之歎。改革後。破除迷信。斗數一道。亦無人問津者矣。余習數學多年。雖博覽粗通。無甚精進。而一般自認有得者。常說出許多無根據之話。有時狂言欺人。亦不覺悟。殊深浩歎。今夏忽然了解古人著書立法。其中隱而未發之處。思欲申明之而未能。茲於雷君必變處。談及斯意。蒙雷君檢示所抄。不意十年前與余所見觀雲居士所草成之紫微斗數宣微一書。與此同一手筆。此必其人之稿本也。如何得之。雷君詳述始末。余當告以所聞。此人與世相違。早沒於西郊荒山中。細看內論。多增新法。乃假歸。連夜錄之。因名之曰斗數觀測錄。遂即付印。以便分送朋好。或作原書之一助云耳。是爲序。

戊寅仲秋。余作郊西碧雲之遊。徘徊澗石。忽覩蒼松下綠草之旁。有書一卷。拾取翻閱。塗鴉不堪。乃一草稿也。遂擲布袋內。携歸寓所。披覽之。似是星學理論。並無著者姓字。無法璧還。篇首冠以斗數別錄四字。疑即此書之名稱。內藏四相之法。有天地人命之分。叩諸朋好。皆云係飛星紫微斗數命理書中之論說。頗能令人尋味。可以秘之。另繕清本。以俟明達刪定。或可作南針一助。余服其指。公餘錄成一册。不過消磨時間。以壯書篋。然在抄錄之際。究其所論。於我身心。頗有所得。因係星學。余多未解。亦不敢道。惟有自知而已。特記於後。雷迅氏錄。

原序

雲雨陰晴。天氣之變。富貴利達。人事之變。陰雨既不能久。富貴亦不能常。天道循還。人事剝復。雖然能無觀測之法乎。觀測之道。須於哲理求之。則富富貴貴。雲雲雨雨。均能入妙。又不僅此。豈可不觀測乎。余本欲集成舊日觀測各草。脩訂完善。再貢同道。因急於外出。不暇分類。語無倫次。暫存其眞。自可俟諸異日。詳爲潤色。或可入目。世之君子。知我罪我。所不敢知矣。

斗數觀測錄序

斗數觀測錄

命理飛星紫微斗數中諸星曜。各有一種自然之心性情。如紫微爲土之桃花。破軍爲水之桃花。七煞爲金之桃花。貪狼爲木之桃。廉貞爲火之桃花。而太陽亦爲火之桃花。太陰又爲水之桃花。能不爭乎人間。泛濫卽是桃花。爭强亦是桃花。其餘心性之所好與一切浮華。更不論矣。太陽太陰各顯其光華。其他各星。亦要爭其光輝。決非潛居隱形之流。不問世事。而極欲普照可知。卽或神佛僧道亦要混跡在人世上。此形容各星宿之爲用也。

天有象。地有形。人是形象俱有。知數者非象則無所寄。以顯其神。而象又非數則無所紀。以彰其敎。卽象可以知數。得數亦不可忘象。其斷驗處。皆由此生。

墓田爲先天。謂之陰宅。住所爲後天。謂之陽宅。吾人欲求後世子孫之昌盛。當由墓田之先天陰宅入手整頓。方能達其造化之理。有旋乾轉坤之密。考吾人既生以後。亦列在後天之位。有種種切實考據。與墓田如合荷節。可見吾人一切秉賦。又爲先天之陰宅所成就而爲人。故培植先天。涵養後天。不可緩圖。此要好兒孫之法。人人知要好兒孫。當先覔其法。見了好兒孫他說是祖德坟地風水好。見了不好兒孫。總說兒孫不好。不好之原因。則又不研究。則又不早爲打算。是誰之過歟。大凡看陰陽宅。必用向。有廿四向之說。余意無論何向。子午線不能改易。因吾人坐北面南。古今難移。以南北爲正向。其餘配向。各有得失。乾南坤北。自然之象。所以相面。又關乎陰陽宅也。比如此人。左顴高。則陰宅左方龍砂之方必高。右顴高。則虎砂之方必高。兩顴高聳。龍虎必然得配。正南有道。懸針現。南低則天庭不滿。北低則地閣陷落。西北窪。左顋下陷。東北窪。右顋下陷。左額角巽巳。右額角坤未。內外飽滿。當然兩角豐隆。定主大發。面薄則地薄面皮緊則其地亦緊。面善地善。面惡地亦惡。面高則地高。面窪則地窪。面小則地小。面瘦則地瘦。面窪之人。多靑黑。因地窪屬水之故。其餘皆有所指。詳考之。自然慧悟也。

面有重痣。陰宅內外局。必有孤坟。一痣一座。二痣二座。亦按卦位。看方向。所以文曲爲痣。卽知其星之孤暗。臨至亥子。利於林泉。臨至寅卯。又是衆水朝東。蓋此星在十二宮中皆以孤暗論。俗云面無善痣。有痣必要用事。便知孤坟之害。每有在坟後或左右葬埋孤坟者。以不離左右之思想。而貽害至於無窮。

研究命理。必要研究相理。相理通。則地理易明矣。若研究地理。不通相法。何以相地。地如人也。能相人。則易相地。人有缺欠。地亦有缺欠。地是肥滿。人亦肥滿。人假地假。人眞地眞。研究既深。便知其地。已發未發不發。或另選。於斯盡得。

命理亦是相法之一。相天者天文也。相地者地理也。相人者相面也。而看命者卽是相命也。相面者相其骨格易。而相其氣色難。相命可究查其終身。與氣色之變化。遇年運月令日時順境。氣色自然有愉快之象。逆境自然滯暗。故不待發現。卽能早爲定出。若研究命理。再參看相法尤妙。

談命者。大非易事。平日考驗工夫。與記憶力。固不必論。惟遇談命時。先具有心理學。而後由原書文理意義發揮。或文話。或白話。

或俗話。或方言。或土語。必要使人明白。或形容。或比擬。或因人而施以適當之批評。所以談命者。極其腦力構造出來。動人聽聞。殊非易事。順乎社會潮流。隨機應變。自不可少。遇外國人。應具有相當言語智識。又是一端。外洋多講究占卜相法。

命盤全部諸星曜。並非如所寫排列一齊。原似天上星辰羅列一般。有遠近。有大小。有尖圓。有高低。有明暗。有連貫。有隔離。參差不齊。錯綜其妙。地理相法亦然。

古語有女子十四歲天癸至之說。(今有十歲上下天癸即至者。)如女命十四歲。必行其生年之桃花限運。或者身命垣。再遇流年紅鸞天喜咸池。難免發生戀愛。情移性遷。或婚姻主動。喜氣頻來之事。其早爲十七。中則十八。晚而十九。(因生日晚或延至十九歲)尤爲心性不定之危險期。因發育已達極點之故。出嫁在此時期。最爲適宜。萬不可輕擲此時光陰。再查其行運便知。（子平有衝辰之說）惟每遇刧路旬空流羊等星。有被阻隔破壞之虞。紅鸞大耗同宮。行限遇之緊要。或見災殃患病。或因紅鸞而消耗金錢。亂花嫖妓。賭薄定婚。浪遊外遇。妻妾病亡。醫藥等費。或心性不安等事。又男子十六歲眞精全。男命亦在十七十八。晚則十九歲。十八歲合生年咸池煞。與上參看。亦大多如此。俗云女大十八變。男子亦然。因智識漸開。有一種崛强。心性生變。其他大耗天馬限。何能安靖。因十四十七歲。均行四馬地。不良者易於接近牽扯。古以廿歲爲冠。亦係婚姻早定。目的已有。雖然今非昔比。能不經過此時期之浮蕩乎。紅鸞限。老年入不喜。原書所載。在民初袁氏時代。京兆尹王治馨槍决後。又有德勝橋某巷。一老翁七十餘。因行紅鸞桃花限。强姦九歲女。亦被槍决德勝門外校場。所以爲凶。可不愼歟。勿謂道深而輕忽。輕敵必敗。亦是至理。二八者所謂九還七返八歸六居。九七皆陽數合成。十六爲男。八六皆陰數合成。十四爲女。上弦兌數八。下弦艮亦八。兩弦合其精。乾坤乃成。二八又應一觔之數。

人每以陰宅坤方低窪。與放水溝渠坑道。均不在意。余考之坤方低窪放水等事。多主母道不善理家或操勞身弱。或陰險暗昧。甚者死亡續娶。或飄泊不潔。亦是大病。所以失去母道之綱。坤綱不持。與乾綱不振。同等關係。女子浮蕩不靜。亦不不善。坤母不穩。子孫亦易衰微失敎。影響所及。自當注意。申酉一方內部低窪。成下坡之勢。女媳兩方。貞潔難操。當詳看局部地勢爲要。

小兒生時。按斗數命盤。多在本年白虎銜身命。或白虎前後。或白虎之宮。或白虎對方喪門前後。仍按斗君法定之。此在臨產之前預考生時之法。占卜亦可。若得吉宮吉星。可爲終身之福。

批命不宜文理太深。字句淺白。最合普通。方是勸世之法。大劫之後。必須經過四五十年。始到文理求深時代。況批命利於普通之人。與不讀書者。非作文章之事可比。點故藻麗。令人炫目。或百思不得一解。卽是批命好手。反失去本眞。而鳴高鬱鬱。無所表見。願與草木同腐者。不知幾何人。

戊寅年七月初四日有在北京燈市口某飯館結婚者。男方係五十二歲續絃。女方係五十歲出閣。考其男命丁亥年生。小運行辰。紅鸞大耗限。現逃出寅卯兩宮之刦路。又運大耗。所以因喜事而花錢。亦是大耗。丁祿在午。流羊破之。女命己丑年生。小運行午。爲生年之祿堂。因羊陀相夾。當有擠兌之事。流羊作衝。主動。又破其生年之祿。何能不改絃更張。大耗咸池。擾攘其間。亦難得安靖。（桃花大耗。辦喜事。亦是花錢。）午方旬空。有火空則發之說。此就兩方生年而論。若得其生月日時。則更詳細矣。己卯年流馬至巳。兩方均行雙天馬限。又是勞動生變。雙陀相遇。其馬折足矣。往返不安之象。以不見危險爲福。一方桃花大耗。一方紅鸞大耗。僧道遇此限運。尤當愼防動搖。以免有失。

廉貞爲次桃花。主好說。好學道。尙於談論。不願服人。心性狹小好變。爲電火。爲廟宇佛堂佛像狐仙道家之屬。（廉貞又主數自較多。又如狐身之毛。其他不言而喻。）無論佛耶。皆主好道。又好聽人講道理。巨門爲口舌是非之宿。咀念叨念。又如機器之有聲也。化氣曰暗。如看香巫醫之流與地方。狐仙財神樓等。則在其中矣。羊刃似廉貞。亦狐仙之類。而廉貞與貪狠。又如狐仙轉世。凡守男命者。直以前生爲仙家斷之亦無不可。武曲七煞同宮。或曲天相同宮。爲廟宇。廉貞七煞同宮爲廟宇。火星亦是廟宇。

按原斗數書。羊刃主武職。如朱子橋將軍甲戌正月廿三日卯時生。以文職掌兵權。卽官祿宮羊刃也。惟不耐久。因四十歲後行官祿宮。羊刃爲用之故。其後飄泊。卽已亥同梁身命互守也。天同天機宜武宜道。成慈善家之美名。羊刃在官祿位到處乞求與募化無異。五十歲後行辰。祿權科三奇相會。紫相左右爲助。譽滿中西者。蓋以此歟。

戊寅七月。有由某處寄來自批命理一册。將命盤上所佈劣星。用法律心理。摘取原斗數書中文句。均行滌洗乾淨。而吉貴之宿。亦摘取原文。補其不足。可說錦上添花。令答復。當一一解釋。註其原册。按研究命理。批判重於斷驗。考查其中滋味。而闡發之。以告人。可補教育之不足。與法律辯論不同。此斗數是天數。是定數。非由吾人之心理便可改易。如用法律可能辯護其無罪。而得逃脫。天刑爲司法。原書云三不了兮號天刑。爲僧爲道是孤身等句。天刑主刑。掌刑法。法官戒師將帥。皆是掌生殺之權。法官所穿服制。所戴禮帽。均係僧衣僧帽之式。寓意於慈。法律由戒律而來。有懲罰教導。令其改惡向善之義。所以法官爲僧爲道。巨門爲是非之宿。在是非之門服務。如法院警察局看守所律師之屬。巨門化氣曰暗。暗字地府監牢也。有黑暗不明之意。所以有爲人一生不入公門。清福最高之說。古代之下廷尉。亦頗可慚。早年之衙門。皆是黑漆之門。鐵鎖鐵窻黑衣。現獄卒仍用黑色服制。故巨暗入官祿宮。或身命垣。有如此之事實。呂祖純陽官祿巨門。世稱法官。亦似之。八字丙子癸巳辛巳癸巳。相傳四月十四日誕。天同守身垣宜於道家。又合巨門。而太陽居子守命。有自然之特性。亦宜於道。尚於動者也。性剛好氣。或好管不平之事。或以此與。巨門天同同宮該方有地丘浮厝之柩地亦低陷又主井泉見有爭嘴。陰陽兩宅內外局各方面。流年所到凶煞。當見不吉之事。或詞訟傷財死亡離散刑尅移動疾病分家罷職等類。而流年所到吉星之方。亦必見喜慶之事。再參看命盤諸曜考之。如陰陽兩宅。四鄰之方無往戶入家者。即以該方面地主論斷。並不計其住於何處。亦必見諸事實。或土地之變動。挖坑出賣。取土鋸樹爭端鑿井。安塋起靈。栽樹栽電提拆墻等類。皆屬變化之意。

白虎行於申酉用事。喪門行於寅卯用事。吊客行於巳午用事。歲破之方主破財破敗拆毀等事。弔客之方。每有欲懸樑投河等事。白虎之方有筋骨疼痛癲瘓灾殃等事。其餘太陰太陽有動。飄浮有爭持。大耗流羊多死亡破財患病塌墻毀物不安。祿存方。見財祿。見擠兌。遇天馬有外出之人。陀羅之方。有傷殘起土等事。紅鸞天喜之方。有喜慶嫁娶等事。流羊之方與對方。亦多急急作變化。如本人命盤中。所行大運正旺。該方之鄰居。亦主旺相。本人大運不佳。則該方必見衰微。小運亦然。雖爲我之命盤。我之限運。該方亦有響應。有隔墻見針之密。可見天地自然之理。人力實難勝過也。咸池水郎是桃花煞。咸池爲古樂名。因女命盤上忌桃花二字。故變作咸池。利於觀瞻。遇半通不通之人。反生疑惑。徒自饒舌。桃花二字。普通人又多認識。不得不避免耳。命盤上桃花之方。應有姑娘一二不等。有已嫁未嫁之分。看命者臨時變通可也。（有大運過宮。則出閣。大運未至宮。尚未出閣之意）小限臨之亦須出閣。或繼續有。大耗與紅鸞天喜同宮。或佔多數。因女多而耗家資破產。如全出閣。與不全出閣。家業亦凋零矣

太陽天梁居卯。其東方有大地一塊。或院落。遇山以山坡地段。公產官產私產不一。有被他人佔去一隅之意。時常複雜有爭。租借不等。如臨官祿田宅等宮。可見爲公家之事。非我所有。就如給主婦所辦。或給人家所辦。或作他人名義。或租賃暫借不過有私人或自己佔去一部分而已。又該方太陽天梁有爭持口舌口角之意。因丑方巨同之故。或夫妻有爭吵生離死別。時見口角。或婆媳爭鬥不和。或母女拌嘴等

等不一。或因公產而皆欲購買。覬覦之事。在所難免。所以太陽天梁有浮動之象。

劉治虞針科大夫。宣化人。庚子三十八年。三月十四日子時生。太陽守身命垣在辰。得上代之餘蔭。自幼經商。中年兼習醫道。小限行亥。遇天魁天馬。與對方之祿。今春來平。就同德施診處醫士職。十二月行地刦地空。主坎坷。失事。據云家鄉生意。有關閉搗亂情形。蓋流羊衝其田宅。化忌分其財帛。曾詢及四鄰。頗吻合故識之。正東有廟宇二。其一爲武曲七煞。其一爲火星。寅方有王姓。曾到俄國。歸來納一妾。同梁化忌主飄泊在外。天梁又遇天馬。火星天馬爲戰馬。化忌多事也。納妾不順也。往後推到巨門。即主妻妾宮有爭。故納妾。正南紫破爲暴發戶。定有意外之財。據云曾於庚子年拳匪之亂。得其財帛。而突發。計來已有卅八年之久。查大耗破軍。誠恐自今年以後。漸漸敗落。（拳匪亦破耗之事體。）再考其曾祖父之宮。（以田宅宮作曾祖一代看）即紫破也。在關東作帽行生意。本地稱帽劉。所以主發戶之一代。所謂發財於遠郡。百般手藝總能精。而劉君近年家破分離。蓋行運到此宮。破耗陀羅爲患之故。而該方發戶。亦要破敗。如影隨形。正西祿存主孤。人丁無多。問之果然。西北廉貪等星。該方之人。心性嚴厲。不喜吃虧。現家計艱難。問之。即該住房之房東現住西北角者。曾將此房出租數家也。正北巨門之家。每日飲酒。醉後爭嘴不安。剋已破敗不堪矣。情形亦最壞。又正西平常。亦主衝尅孤寒。因羊刃咸池也。明年小限巨門。三煞弔客。對方羊刄化忌。諸多不祥。惟流馬到官祿宮。與祿存相配。則祿馬交馳矣。流陀尅身命垣。白虎喪門到。流羊衝福德，文昌遇歲破，雖見文書之喜，亦是破財之事，紅鸞天喜天魁天鉞合田宅，眷屬來都，亦必有之事，稱奇遇也，（家鄉不安之故必來，）（如某僧八壬午五月廿四日未時生，紫破在未，該方有住戶，因庚子拳匪亂，得到所擲銀洋數箱，而突橫發，此造大運行丑，卽遇庚子，紫破有橫發之意，行寅該方漸入衰微。行卯破敗已極。可見過則必敗。若無破軍。則不能橫發。有破軍又如湯澆雪。比如他人破而我得之。卽得之以後。亦必要破。天演公理。於此可見。若純粹紫府雙祿左右爲輔。決不至如此。）（田宅陀羅已起靈。另葬新建墓田）。丁丑流羊入田宅。白虎到酉。其家中將西房退租。而劉君又來京。皆是衝動生變。已卯年不吉。查未方紫破行運發展者甚多。丑方較次。廠肆戴月軒筆莊經理。廉貪守命在亥。幼年孤苦。來京學徒。行西天府。合官祿武煞。卽能自創經營得利。至未紫破大發。亦以造筆手藝而致富。生時爲午。戊寅年又七月初五日。遇閏月則以下月推演。原書所載。占卜亦仿其法。此造紫貪守身命垣。卽其物質。紫者內部之色物也。貪者銀灰色。有進取急趨不停之意。可謂飄蓬之客性剛威猛。深謀遠慮。遂波逐浪。愛憎難定。遇凶則主虛浮。合大耗便稱多數。散漫無際。飄飄若仙。遠望頗似十八學士登瀛洲。令人想向。紫貪本屬狐仙。蓋其心性亦如狐。附有桃花。書云桃花犯主爲至淫。紫微爲主。在卯自東而西行也。紫貪相遇。主邪淫。而心性不常。難以久處淫者貪也過也。其貪如狠。其心如蠹。其性如狐。其勢如蟹。又如風如浪。如鶴如舟。接踵而至近視如萬馬奔騰之狀。又不知向何處猖獗。大耗武破廉煞來合。決非安靖之象。相貌巨陀。其聲震耳鼓可知。時臨午方。羊刃急急如律令。已在衝動時間。太陽天梁怒形於色。其來之不善又可知也。而其身命。開古來所未有。胡爲乎降生於此時代尤能海走天涯。盖亦奇矣。孰不謂其爲飛仙也耶。如問妻之父母宮。卽岳父岳母也。則以兄弟宮看。其行大運亦借此推之乘以兄弟宮爲岳父宮。而以子女宮爲岳母宮看。以福德作岳家之田宅宮看。有無田產等等至於妻妾亦按次逆推位數。子女宮以第一位爲本宮。第二位是財宮帛。第三位是疾危宮。第四位是遷移宮。按次逆推。遇見羊刃或破耗之宮。主尅傷。或遠出別離等情。祿存陀羅之宮多爭强。亦多孤尅。其他只看該宮强弱論斷。强宮則子女爭强。弱宮則子女安穩。其他仍以星曜之心性善惡論斷。並隔一宮。卽爲該子女妻與婿宮看。叔伯以父母宮之對宮看，位數亦逆推。每位佔一宮。以上所定各宮。互相照應。考驗日久。自然有得。此中玄妙。筆難盡述只在有心人推測耳。

無論吉凶星曜。皆有聲有色。有形勢。亦無論其旺弱。皆能自鳴。而驅使於吾人。星曜相和。一帆風順。星曜相背。人離財散。優劣均是有聲有色。同宮星曜。如一家之過活。全盤星曜如之。佳運時其星曜改行率德。而心手相應。蹇運時錐刀不讓。或袖手旁觀。邪念一生。星曜爲之動容。所以吾人一生與終日廿四小時。應付此十二宮諸星曜亦大費氣力。若能減輕此種應付。則無量清福。

鼻歪臉偏頟陷顴低。與等等殘傷。及失去美觀之點。皆是坟地原因。必是其地歪偏低陷缺欠不完。有以致之也。瘦長身才之人。其地亦瘦長。人寬大其地亦寬大。坟地小。人亦小。地中等。人亦中等。地枯乾人亦枯乾。比如兄弟三人其地左方微高長子微胖由中往右漸低二子則瘦三子更瘦并消財飄蕩嗜好。爲長次之累。長子眉灣而稍短次子灣而稍長三子灣與眼角齊不長不短所謂兩眉灣灣兄弟二三長子灣而短寒有弟難靠不得力也次門有倚靠三子不靠而靠消其兩兄之財。可以令知其自己坟地情形者當面考查之。坟地南方之照。殘破不整。或低窪。天庭不滿。破軍在午天庭平低故出外。兩角低陷。父母有尅。少年坎坷。何能言福房屋與尖瘦之照。兩角突高。或頭尖。坟地北方低窪。何能言壽。或兩顋無肉。唇薄。口亦生非。坟地東西低窪不平。何能論及權祿。至於分左右。須於相學求之。分何支派。須向地理家求之。所以命盤各方星曜形勢。與行運之好壞。及其他一切。深心者一看便知。丙火多主文明。而火不善理財。癸水多主飄浮。不善積財。丙祿在巳。癸祿在子。兩祿臨于截路之內。便有截制之虞。如有亦失。况巳祿不久。子祿居水。如水之就下順流而東。亦難久遠保持。官祿單見祿存。宜於道門。其他亦深難得意也。卽或不單守。在官途上。亦大受擠兌。究不及臨於財宮。如臨命垣。則主孤尅。父母宮必遇羊刃。則父母被衝尅。而無情。兄弟宮則遇陀羅。必是尅傷。亦多無情。所以祿存孤癖慳吝。若無其他星曜。可謂孤而且獨矣。

星宿落陷。多好爭强鬧事。奔走不寧。因其處於非安全地帶。故多不平。自恨不如也。未免牢騷。或怨天尤人。廟旺星宿多有居尊處優。甚至傲睨一切。其權祿多不求人。當然與落陷者不同。落陷者之苦況。自不及入廟之樂境。每每廟旺之星曜。反能退讓落陷之星曜。以表明其寬厚。或因其强暴無禮。亦不與之爭。亦不願與之爭。此卽世間容納忍受之理。原書所說星曜有君子小人之別。於斯可見一班。豁達者頗能穿透。具有涵養性。亦能看得開。放得下。雖經驗深者。亦難免與之對抗。較量短長也。命運行至廟旺之星。顯然得意。有一種氣焰薰人之勢。其誰使之。而不知也。命運行至陷落之星。顯然不利。有一種悲哀不悅之狀。其誰使之。而不知也。俗言好壞。皆是神差鬼使。而不知星曜之氣力使然。所以星曜支配吾人。能曲盡其妙。吾人不察。被其驅使。若不覺悟。豈不可惜妄生今世。徒自任其播弄耳。星曜之氣力。卽天地對於造物所分配之陰陽二氣也。而能假手諸星曜。以操縱於吾人亦奇矣。俗言氣絕身死可見身死則無氣氣絕於身而不絕於天地。命盤看法。多有論之於前。當有未盡者。比如有人要問。看外孫子孫女如何。原斗數未載。無所適從。茲由考驗得來。關乎外孫子孫女一切。即由遷移宮。與對照之命垣。仍用三合之法判定。或得其大概之義理。

斗數係命理之作。故先布出身命垣。其他如太乙奇門六壬演禽等。對於安身立命。皆有深刻之論斷。按斗數講身命。是該書固定之法。今以此法用諸占課。亦是創作。而其他一切對于占課身命顯然布明。一望可知。斷事較易。惟此斗數如看。陰宅或陽宅。即推演一課。不但身命可得。各方吉凶亦瞭如指掌。所以一物一事。均有身命。不必如他書分主客。而尋用神。如推演一課。此課即是該事該物該地該人。全部局勢。合盤托出。事實俱在。不必問其主於客也。他法有時用神失當。主客難分。無從捉摸。斷事亦有合混之虞。至今仍有不决之點。比如有二人成詞起訴。雙方皆有理由。將來何方勝訴。何方敗訴。

是否現在了解。或正在極端。抑在預備期間。而占者爲旁觀。並非替人占卜。取何用神。是一疑義。用何法可以解決此懷疑之點。又比如三個同等人相爭。能知誰佔優勝。又所謂未出隴畝。可以逆料其三分天下。其結果如何當用何法方能知之。亦是疑點。

各吉凶星曜。有以年布之。以月布之。以日布之。以時布之之分。日上布紫微。亦以日爲重要。臨於何宮。亦大有關係。如原書云有紫微臨於四陷宮。作事多成多敗。終身奔走之說。而辰戌又是陷宮。所謂卯酉線。現在正旺。不知旺到極點。正是凶殺爭戰死亡大劫之時。子午線極旺之時。亦然。故用向宜避之。己午未三方。每旬丙丁流祿後。又加戊己兩年。羊陀迭見。己午爲緊。其他不過兩年即過。如庚辛在申酉。壬癸在庚子。甲乙在寅卯之類。故子午多不用。而壬丙又有急進爭强之象。（急欲發展每多用之）不如丑未癸丁爲貴人門。比較妥當亦久遠。按命盤論。身命垣安巳午者。有得祿存之利。亦有被其害者。惟巳午之祿多不悠久。不及甲庚壬也。丙癸之祿落於刦路。得亦有失辛乙祿又弱。然亦必須要就全於命運。祿存守身命垣多氣極好哭。似婦女。因肝木酸。及於胃酸。普通所謂心酸也

陽貴爲男爲剛。有崛强之象。陰貴爲女爲柔。有傲慢之象。陽貴臨于夜間。用其反背。更要爭强。陰貴設于晝間。雖性柔亦要掙扎。因其孤寒。自可以弱論。陽貴利於外。陰貴利於內。若問外局之事成否。宜於陽貴。內局之事成否。宜於陰貴陰貴尚文明安逸。不能經武奔馳。只可處尊爲貴。力量薄弱。非依於人不可。無大慷慨淋漓之象。見剛卽變。蓋因其有作他人之婦。能否貞潔。是一問題。如地理書穿透

眞傳所載。用丁酉日提貴人舉作貴人。又取年亥月亥。加臨酉砂上。異日發貴速且多。但女貴先發。因其爲陰貴之故。年月陽貴爲遠爲後在夜方之意。如各奇門書上所云。均不一致。有白天用陽貴。夜內用陰貴。又陰逆陽順。等等說法。此神經過敏。能否發生何等效果而不知也。至女先發之說。自然是出閣發男家也。非是發自家之婦人也。所謂陰陽之貴。不過利其有點陰謀來助我而已。是我之貴人。未必不是別人之小人。是我之小人。未必不是別人之貴人。貴人亦作君子看。原書所謂君子命中亦有小人。小人命中亦有君子。此理要明白。從來能走動內眷者。深得數學之奧。未必得數學之奧。是得此世態之秘。即或女子命中得到陽貴。陰陽鬥勝。尤喜其他男子贊揚歡迎。而自立有一派權勢。將來築成大錯。非所逆料。雖深心顧慮。如漢呂后武則天之而陰貴不過妲姬褒姒楊貴妃之類。吾人對此當要詳察。其心性與情形也。

來時為癸酉。乃戊寅年又七月十六日甲辰。自夜半陰雲密布欲雨。早晨卯時為甲之刃。突起風變。忽狂風大作。天氣驟寒。巳時雲施。而風不息。因占之。天同太陰守命垣在子。當有陰雨之象。對方羊刃守身。卽為風作衝。則變為風。又係有聲之星也。交酉時。而風仍未全息。乙巳丑時末大風。卯初卽止。其後仍未盡息。日元甲木為風。辰酉合。金又當令。十五日白露節。交八月辛酉。不意金風大至。往年在白露前後有風約半日許。此兩日巨風。非尋常也。比如在漢代末時。有某雄威將軍。董卓所封劾命北魏。其後被陷。乃遁去。大統歸晉。一般聲烈多死亡。復大露頭角。夸耀人前。稱元老將軍焉。所以運之不佳。雖李廣亦難封。而人之命運。頗似起伏。如地理然。無起則無伏。無伏則無起。起之地點。以高臨下。當然騰達。名震一時。至伏處一落千丈。故坟地宜於高阜。不喜低窪。一發之後。卽另選新地。不至生出後代子孫如伏下之勢也。祿馬山之左有山峯。每以爲貴人峯看。不知是羊刃也。雖暴發一時。過則有敗。况羊刃山宜於武職。若文兼武。亦不久。或半文半武之事。而羊刃亦主山道。子午卯酉四正上。不論何向。有來水。有小水溝。卽主桃花耗財棄家逃亡外遇等情事。對何支而何支必被其害。而他門亦受其累。比如坐癸向。而午方有小水溝一道向塋地來流。則五門先到。次門後至較輕。對於向水爲財之說。宜愼之。若破軍大水向之。先破後成再破。如因現在貧寒。極欲發展。不得已而用之。恐將來仍有破。况破軍宜出外方發。

如某人之命盤。天梁居午爲子女宮。有一女出閣。現病纏。有一子不過一周。內熱風疾。存否未知考其坟塋。坐北向南。道之迤南。地內有孤坟一座。墓亦最小。蓋即天梁土也。可見天梁之土。孤苦飄零。原書云化蔭爲壽。倘有缺欠不足之處。按土地或坟墓其勢小。其形孤苦。有點福氣能持重。文藝聰明。好道。與羊刃同宮。飄泊不堪。故遇天馬飄蕩無疑。又書云天梁遇馬女命賤而且淫。身命皆然。天梁之土。如道途上之土。若馬蹄經過。土即浮起。故如是。按坟墓論。有浮厝不安。孤苦飄零之意。論人論物。亦本此旨推測。

戊寅年大耗臨酉。若住西房酉字上。當見虛花破敗遷移不寧等事。甚者死亡刑傷架走。而西鄰亦如此意。因丁丑年白虎到酉。未發現者。而戊寅又遇此煞。故不吉。己卯臨申。戊寅見歲破。而接連又遇大耗。庚辰羊陀夾申酉方又遇羊刃衝動刑尅。其他凶纏。分布各宮。尤當早爲推出預防。以免危機叢生。丙子刃在午。子年太歲歲破。丁祿耗咸在午。戊刃又在午。故午方凶。

紅鸞大耗同宮。雖有正星。亦難鎮攝。如某人戊戌年四月十八日卯時生。行巳紅鸞大耗。將全部家眷接在北京居住。消耗巨資。又如庚戌年十月二十二日卯時。小運行巳。奔走繁華。而定婚結婚。又如癸巳年五月初二日亥時生。大運行辰。合田宅紅喜廉耗。家中生女七八。學費脂粉費。所耗巨萬。又有兩處眷屬。復在外戀愛。又如丙戌年正月十七日卯時生。接命前起大運。現行巳方。紅喜大耗因夾妻吸烟外遇不良請離。復訂婚結褵。生兒彌月。所費頗鉅。又如某僧人戊戌年八月二十一日未時生。大運行巳紅耗之限。有破鏡重圓之慶。所需甚巨。而名譽大減。此等命運。雖僧道亦難免。
又有因妻女病纏死亡而消財。亦是紅耗之類。如吳先生八字辛巳庚子辛丑戊子。光緒七年十一月十三日子時生。大運行戌。紅鸞大耗。元配病故。而廉貞化忌羊鈴。亦主尅妻續室。以酉方看。祿存博士對方太陽化權。故主財權。而夫人八字甲午甲戌丁酉甲辰。乃九月二十四日辰時生。太陽祿存博士守身垣入財宮。故主財權。因化忌本身與財帛有波折不順多分布之事。命垣文昌。而吳先生妻宮。亦有文昌與化忌。所以化忌入夫主妻妾宮。當有種種別論。而此夫主宮遇機梁則相爭矣。當有尅制一方效驗。蓋天梁爲已故之元配。而吳先生屬於天機。不然亦屬於廉破祿權也。又紫微七煞爲兄弟宮。三方貪破。而吳先生貪紫合身命垣。則又爲兄弟矣。命盤上每每如此。又此妻妾宮最爲複雜。情形可知。又吳先生大運行酉。除損失財物兩種而消耗不計外。倘能聚有二十萬之譜。若論財宮爲破軍。橫發橫破。而夫入財宮。巨門化忌。亦作破論。田宅又是廉破在酉。不過祿權爲用耳。某男命辛酉十八歲十一月十九日子時生。妻妾宮羊刃主衝離。破軍亦尅。文昌化忌能不多事。八字爲辛酉庚子甲寅甲子。按甲寅坐祿遇比。即主孤尅。往下推爲乙卯羊刃咸池。所以主孤尅衝離。再推丙辰。若次妻以酉宮論。則辛祿在酉。或爲坐下之祿也。書云木虎定居孀。因女尅夫。若再嫁又當別論。再看其第二夫宮如何。不再娶。又何嘗不居孀。其他如在外日多。在家日少。亦是衝離。朱君之造命。辛亥二十八歲四月二十七日巳時生。身垣臨於妻宮。羊刃在戌。則元配之妻病故。是破軍。現在之所續。乃羊刃之像貌與身材也。辛祿在酉。次妻主財權。其續室是辛亥二十八歲十二月初一日巳時生。以子女作夫主宮看亦合。此係先嫁一女後嫁一男之意思。日月合身命垣。並見巨門。按朱君命宮以酉宮爲次妻看。合巨門日月。可見婚姻之定數。有自然構造之妙。並非勉强可能作到。再兩個用日元干支往下推演。亦可引證。此女命身命垣無正曜守。自幼多在姨家過活。所謂命無正曜二姓延生之意。

紫破在未。有用丁山癸向。或兼未丑者。以天相會水。作爲水庫。如温泉米振泉之坟地。因南山坡地。用此向法。其造命辛亥二十八歲七月二十日未時生。又如南安河張殿卿之新塋。亦用此向法。亦是南山高阜地。其造命。己丑五十歲十一月初八日戌時生。酉方外高。卽天府也。大陰由山上下來之水溝。地亦漸低。刼路亦水溝也。廉貪尤低。其東太陽有高坨。武煞主高處。得左右龍虎相輔。而同梁方。水皆東流。此地最多不過用三世。據云爲當地先生所看。與斗數看地法。如合符節。

又張殿卿現兩男兩女。按子女宮廉貞爲女。往上推戌宮爲身垣。太陰爲女。因寡宿而早亡。酉宮爲第三是男。申宮第四是男。未宮第五是女。因羊刃衝尅。有外嫁之舉。按子平法。日元庚戌。時爲丙戌。往下推丁亥戊子巳丑庚寅辛卯。共計五人。第二戊子女早亡。第六位是壬辰。與日元對衝則無矣。再由該宮假以三合臨照。詳考便知其何子女強弱。（其父田宅宮又作其父地宮看即張君之官祿宮。所挖出石塊甚多土色枯乾即大耗天機也）。又田宅宮爲陀羅。陰陽兩宅俱變動。陀羅主攻地另立起靈之事。陀羅又作石砂石塊看。該新塋係山地。挖出石塊甚多。可証明起出石塊。並証明起靈之意。陀羅乃傷殘之象。靈柩非如新之完整。柩身粘連泥土。色亦變。故如傷殘不完舊物之狀。丙子年小運行午。其父故。母早亡。

通俗上生育小孩。不論何方面房屋。若臨盆之時。向太歲方生養。謂之衝大太歲。主父母被尅。或所生之子女被刑。月太歲爲小太歲。中太歲爲五黃。亦然。不吉之方均宜避之。

祖先生光緒庚子年三月初十日辰時生。第七子女宮。在卯爲紫貪。在戌寅年又七月初十日酉時生男一。貪狼守命紫微守身。紫貪互合與其父命盤相合。惜羊刃作衝身命垣。生時臨於天機化忌祿存宮。故不順利。

戊寅年七月廿二日未時生。命垣在丑。身垣在卯。按廉貞七煞主武職。金火之屬。坐貴向貴。高尙之命無疑。三方來合。自然爭强。惟落刦空之內。難免勞碌奔波。而金山玉海。如在目前。廉貞七煞多好道。命落刦路主出家。又有半天折翅之說。雖不折翅。亦當有迂回低降之勢。或忽起忽落之意。文昌金守身垣。主文藝。機務屬。合紫貪。當然尙於進取。有縱横孤高之象。而大耗又不安靜。天空爲空中表現。謂之空氣亦可。按文昌天空論。不至甚於急暴。有悠悠之意。文曲天相天鉞來合。亦主文書與輔助之事。而大耗紫貪。亦是翱翔於天際。令人望之欲登。又一命戊寅年七月廿八日巳時。與此參看亦有飛昇之能事。所謂神乎其技矣。戊寅庚申巳卯壬申。卽七月廿日申時。金四局。命子身辰。對宮紫微來合。按貪狼居子。散漫浮動。泛濫任其縱横之象。又有挾仙遨遊之勢。並能進步貪取。所謂妙乎其爲物也。

流年作衝。正是動象。附帶文曲。卽文書也。七煞守身垣金物屬。陀羅亦金石屬。雖主性情剛强。其體質上。定有殘傷之處。右弼是水。化科爲文科。機務屬。來時臨於巨門天魁紅鸞之宮。必因人家是非之事。有以撮商而交談也。

郭哲臣順義縣人。甲申五十五歲五月十三日未時生。紫微七煞守命垣在亥。廿歲後卽入行伍。三十歲後曾任營長職。至四川廣西等省。正大運行寅方之時。因祿馬之故。遠處爲貴。其曾祖屬於此宮。任漢中遊擊署鎮台。其後故於任上。卯方大運。剝雜不純。在鄉里好管是非。雖傳習武術。多不持久。官祿宮羊刃主武職。而羊刃多變動。亦生平之所遇而不久合也。田宅祿馬。何能安跡家中。若居家則被妻擠兌。再祿馬之方住戶。有在外經營之人。與此相應。而卯方住戶。則破敗複雜矣。問之果然戊寅年七月二十四日巳時生。八字戊寅庚申癸未丁巳。紫微如雲之高。破軍守身垣合天相。有乘風破浪之勢書云紫微愧遇破軍。淫奔大行。羊火鈴馬等宿。夾其對方。亦似夾身垣。能不急轉直動。飛騰雲霧間。因刦路如雲之意。天府天刑合武煞。金屬類。乃剛强物。有使命之具。大耗天空咸池。非寧靜者。或是飛將軍也。是日陰雲反復。只聞其聲。不見其形。破軍臨身。或微被雨洗。某女命丁巳二十二歲九月二十二日丑時生。文昌天姚守命垣在酉。武破鈴馬守身垣在亥女命骨髓賦云。文昌文曲福不全。此二星宜男不宜女。又歌云嫌卯酉。火生人不利。附有天姚。不問不知。對方紫貪來合。謂之桃花犯主爲至淫。交十五歲大運行戌。天同地空紅耗。風流一時。所遇非良。致遭鑿喪。對方巨忌火星。能無波折爭持。身垣巳亥兩宮。更不論矣。戌方爲相貌父母宮。又是身命垣相夾。至於將來。不言而喩。今年大小運均在地綱白虎之方。地空主失事。天同隨波逐浪。紅鸞大耗雙遇。尤宜見喜。若不急動。必生危險。況命垣流耗。卯方流年咸池。丑未流年紅喜。全部搖動。何能安靜一刻。生來之命造因結果。爲之奈何。七月間果遠出。八字丁與壬合。地支又合使然。坐下羊刃。夫主宮亦是羊刃。而廉貞七煞更深一層。田宅廉貪化忌大運又遇丁卯凡與年干作合。當有同情之論。其生母四十六歲九月十八日寅時八字爲癸巳壬戌丁酉壬寅又是丁壬上下俱合文昌守命垣在申雖紫微相夾而福德宮紅耗作祟巨門又守身垣合天機文曲咸池能無破蕩乎。當深求坐下貴人。與長生成敗之點。如遇他人亦當詳查勿爲所欺得到一種成分爲妙某醫士赴津診小兒病。去後占之。戊寅年七月廿日酉時。土五局。命亥身巳。紫微七煞守身垣。羊陀相夾。七月在亥衝巳。廿日在午。流羊衝辰。酉時在卯。咸池合大耗。又是太陽宮。誠恐已遲難以救藥矣。不過虛耗一蹚。其後歸問之果然。

陰年女命。辛丑卅七歲三月十一日丑時生。木三局。八字爲辛丑壬辰丁丑辛丑。巨門天機守命垣在夘。書云巨門天機爲破蕩。美有雙祿。身命合昌曲。書云文昌文曲福不全。又有三合昌曲之意。曾於丙寅年出閣。爲第四續室。丁丑年患下寒水瀉之疾。萬分危險。已成不治之症。身命夾紫相火星陷宮。天梁合天馬。又是福德宮。離京至津。可謂飄泊。又有女命賤而且淫之說。化科主文科文藝之事。頗能挑花。以度生活。此丁與壬合。在月提上。

母在子多能創事立業。父在女多出嫁壻家爭強。祝母壽者多。祝父壽者少。若父母雙全。子女揚名聲顯父母者尤少。由此可見陰陽錯綜之理。一看玫地便知。故塋地關乎六親。至明且詳。萬勿忽之。

問電影片能否映演。戊寅年正月十一日戌時。干支爲戊寅甲寅癸酉壬戌。命垣辰宮。身垣子宮。廉貞火爲次桃花。如電氣。如電火。有光華燦爛之象。若云電影之屬亦可矣。謂之桃花。孰曰不宜。天相水似電光。爲水之流動而聚集。又有轉折和合溫柔之意。破軍水如電影所映之事體。與一切情形。有破爛之局面。五光十色。無不備具。羊刃多衝多變。一幕復一幕。與內中各穿插。羊刃又如同所射出一縷一縷之光線。好似一條一條之白刃然。官祿宮紫府。得高貴之人主持。定能允許准演也。十一日午時至申時一變。酉時遇貴。小人力薄。亦順乎高人矣。戌時完全可定局。十二日下午二時半能演。按其聲稱各方均接洽妥當。只警局尚未許可。現各公使與之調解。或得到圓滿。（公使卽高貴人爲紫府也）將有傷國體與俗且討厭者。裁去若干丈。（卽是羊刃衝斷其身破損其體之意。又羊刃爲衝破轉變之象）命垣陀羅。亦是傷殘之象。武貪爲財。又有流化祿。財祿可得。惟廉貞天相入財宮。當見消耗。太歲衝動紫府貴人爲吉。又遇流昌流馬。當有文書之進益。破軍水其幕似水。爲水之破面而來。又爲水面一片。無論晝夜。皆能照人。有形有影。按破軍本主鏡子。因有玻璃與所鋪之水銀。故其幕爲鏡。謂之銀幕。頗得其當。而羊刃爲聲。亦係有聲電影也。羊刃又爲機務屬道途等類。

問電影院月令。戊寅甲寅癸酉庚申。卽正月十一日申時。命廉貞爲次桃花。孤尅事繁。天相又爲多管之宿。武曲孤高之象。樓房也。對方貪狼電影場也。昌曲破軍乃影片之屬。貪狼化氣爲次桃花。亦主影片。有散漫之象。廉貞又爲電光之意。今占流羊衝其命。白虎壓其身。合陀羅喪門。而火鈴相夾。當走極端。而生變化。再看田宅天同有流動氣分之事。大耗破碎荒耗不安。爲破敗不吉之象。正二月旺中有剛易折。三月衝變。破軍如電影。又主先破後成之意。果於三月租出歸他人經營矣。

天有陰陽。地有剛柔。人有仁義。與氣血。陽是圓。陰是方。剛是方。柔是圓。仁圓義方。氣圓血方。若能方圓並用。即是剛柔相濟。折中之法。事體曲直。亦是方圓。慈嚴並用。亦是方圓。道家所煉亦是此兩個形勢。嬰兒姹女龍虎陰陽。水火旣濟。坎離交媾。並非一個陽。天圓地方。不言而喻。道家爲陰爲方。佛家爲陽爲圓。却陰而至純陽。是道家所希望。却陽而至極陰。又是佛家所希望。其實兩家均不能退去陰陽。道家外陽而內陰。佛家外陰而內陽。人道陰陽並用。故二者不能須臾離也。從古如斯。何有先後。不過在多與少之分。有高必有低。有凸必有凹。有起必有伏。天主動爲陽。地主靜爲陰。天地開闢。陰陽二氣。同時而出。天地亦是陰陽造成。天有陰陽。地亦有陰陽。非是陰自陰。陽自陽。而陰中亦有陽。陽中亦有陰。非是單獨的。就是單獨。亦有包藏而未宣也。故不知。以自誤。

比如到法院辯曲直。卽是道家工夫。又如到法院要作逛公園思想。便易修道。人要處在逆境。作順境看。處在順境要作逆境看。則不至於太方。而歸於圓通矣。合乎中庸之道。亦是長久之道。不論男性女性朋友均是兩個形勢接觸。至於一物與設想亦無如此。世間一切不過兩個形勢的關係。若能將兩個形勢成爲一團。卽是名教中之眞工夫。又不僅儒釋道爲然。比如小兒在胎包內是圓形。出胎包後。四肢俱伸。則方形矣。又是外圓內方。頭圓脚方氣圓血方。又必須方圓並用。始能爲人。所謂慈悲感應忠恕。皆是方圓並用之名詞。比如才幹二字。才是圓。幹是方。有才無幹。不得謂之才幹。有幹無才。亦不得謂之才幹。有才有幹。卽是有圓有方。故謂之才幹。便是方圓並用之道。又如理治君子。法治小人之說。理是圓。法是方。其實圓理之中又用方。方法之中又用圓。便得其當然之道矣。故方圓又不能純用一面。而天理國法與人情。其實方中之圓。圓中有方。執事者又當審愼周詳。認明其方圓之道。以不至入於迷途與盲從爲要。以上各種哲理。難以畢述。慧心者當有超悟。相書云腿小膝尖下賤身之句。陰宅北邊與龍虎方必低陷。又男面似女定家破之句。必是陰宅該方有低陷。而生此人。面皮緊。面皮急。必是其陰宅地皮緊。水法急。或低處而水急下之故。牙齒不好。水法壞。水口亦不佳。與好說是非。有同等關係。墓後低窪雖是胖子而爲能有臂。山地水緊勢急。橫發橫破。兩宅皆然。黑子是孤孜。犯何吉凶。當看相書。

癸亥已未壬午辛亥。同治二年六月初七日生。此顧瑞年輯甫老先生八字。生於保陽。寄居濟南。破軍守命垣在申。紫微守身垣在午。破軍宜出外。故遠處爲貴。山左稱三老之一。爲道學之宗。專長於武術。人多習之。按煞破狼爲創事立業星宿。得之崢嶸。然多先破後成。聞出繼外親。本年丁丑。小限太陽。雖大放光明。當見尅制。流祿臨身垣力士諸星。必有擠兌。生氣不安之事。又稱極剛之象。而大耗咸池難免勞神消財虛花疾病等事。正月流羊作衝赴保定。應武術會之約。六月患腹瀉之疾。及其他虛花等情事。戊寅年小限行辰。紅鸞大耗。必因紅鸞而消財。蓋生女出閣事也。妻宮亦有離別之憂。因流羊衝身垣爲妻妾宮。太歲歲破衝命垣。化忌合田宅。多波折不寧之事。己卯小限行巳喪門。雙馬遇雙陀爲雙折足焉。身垣羊陀相夾。大耗入命垣。化忌到疾厄。身命夾力士。白虎入田宅。均非吉兆

定與北幸村張君函稱光緒庚子二月十四日戌時生。家道小康。五世同堂。八世同居。有清旌表。不意民國二十年因賭蜂賠累甚重。家業蕩然。問行何運限。以致不堪如此。按二十年辛未行巳。流馬落空。太歲歲破衝身垣並財宮。故破敗。流陀到田宅。有殘傷。壬申癸酉甲戌

均不吉。大運行未。破耗之鄉。天相財來財去。流通而不聚。財宮地空又是身垣。在此限內能不毀家。貪心之害。有以使之耳。

紫微如黃蓍甘草之屬。天府如參朮之類。羊刃如芒硝。破軍如川軍。其餘皆可以藥性配星曜。知藥性便知星性。涼熱寒溫自然明白。五行五色。亦均在其中。

葉字英先生昌平北山人。壬辰四十五歲八月二十日酉時生。八字壬辰庚戌乙亥乙酉。巨門守命垣在子。爲石中隱玉格。附有擎羊主武職。離鄉遠處爲榮。所以巨機無論其廟陷。均多破蕩。先破後成而復破。蓋先破其家而方出門也。離家遠處亦是破局。天機守身垣。與命垣相合。二十三歲入正刦。赴唐山煤礦。三十三歲後。漸至大工頭。率領工人。亦是武職之意。四十三歲後。本主美運。而太陽爲浮動之象。

書云巨門羊刃雖富貴不久。大運未至辰宮。遇壬申年小限行午。三會哭虛。流羊衝身命垣並小限。辭去工頭職務。來京安居。擁資四五萬。以半數分給胞弟。廉貪祿存臨於兄弟宮。故得其利益。其弟當業。按廉貪祿存亦切乎其職而武煞化忌爲官祿宮其年父歿。又因化忌大耗入田宅多不吉。妻妾各一。只有女孩一人。即咸池也。按天府當有三人。合武曲亦有二人。而化忌作難。天府爲主。桃花同宮。又無其他助星。所謂桃花犯主爲至淫。淫者貪也過也。非桃花之過。是天府之貪花。故天府土如泥。天府土臨於酉金力薄。所以子女少。命垣巨門羊刃如僧如道亦不看多。故花而不實並可考其行卯運納妾及其他一切皆是桃花使然又合大耗破軍。考其祖塋。建於山間。坐西向東。正西是高山。即天府。正東是高山。一遠一近。即武曲七煞。南北皆有山。正北由山上向下行有山口道路。卽巨門羊刃也。東南未出山口之上。有大山崗。卽太陽。正旁之封與寅方之星。由山上往下之水與道也。西南高山爲紫破。較近。龍脈仍是紫府。此向大發。十年後始分給其弟。而其弟得此巨賓。亦發。而自爲破財也。以兄弟宮爲其弟之命垣。大運行卯方發。故差十年之數。均得紫府與煞破狠武曲祿存天魁左右科權之力。若看財帛宮。不過地劫天姚。何能如此。不及其弟假借未方紫破化權爲財宮。葉君無嗣。由其弟屋男孩繼承。將來皆歸其弟之子所有權。按玫地論。長門居左。而北方一帶低又空。不及次門得其飽滿之宜。此種地理頗可研究之。

今夏某人。查點書籍。短少奇門乙部。不知被何人携去。令余占之。得武貪紅鸞天魁。按武貪爲箱櫃。紅鸞是女人。或在女人箱中。天魁貴人。不至遺失。又因封路。亦不至於携走。某人云所住之地點。是公共處所。並無婦女。當時作爲疑案。過兩月後。某人忽告以此書未失因收拾各書箱。曾於姚姓書箱中尋得。查武貪既爲書箱無疑。姚姓者蓋由姚某親自檢出仍如在女人手中之意。令人不可思議。武曲爲道。貪狼欠次序。如各道書亂擲箱中之意。又如姚姓爲道中人。俗說柴米夫妻。餑餑兒耶。可見在嘴頭上的關係。即能變其態度。小人物不必論。就是古時宰輔。因宴會請客吃飯。即能顚倒陰陽。變其黑白。亦有不能盡似此者。必是非其所喜。或心性不合。與宗旨不同。一言不洽之故。反生出多少不良之情感。可見吃飯與餑餑亦有失當處。世上事不但餑餑吃飯柴米定其喜怒。就是一句話。亦有變理陰陽之妙。

謝先生八字。己丑丙寅巳卯甲子。二月初三日生。廉破守身垣在卯。主武。宜於僧道。田宅祿存。當有基業。而同陰浮飄之星。不能任職。自可遠處也。惜大耗咸池同宮。難免破家敗業。另立別門。交三十六歲行子女宮，與田宅宮相合，入離財散，諸多不堪，妻亦故去，廉破居卯，衆水朝東，而文星在辰爲相貌宮，遇化忌，生平多波折，難如意，羊刃主武職，武貪亦主武職，臨於旬空，宜於僧道，羊刃又多變故，即或有職一時，何能久守，小運與流年，總有不吉，相雜其間，凡事難成，如此貽悞終身不淺，將老，益不能爲也，似此，正是作難，不知中年不好，不能屈。所以少年境遇好，亦是孤高之害，書云己土臨於卯位，未中年而灰心，又己土居夘，聰明智辯，考其實跡，均如此說，其像亦似廉貞，遇戊寅巳卯年則不祥，按書云破軍卯酉不艮不清之句，若在奴僕宮，則男僕與女僕通。其他各宮可想而知，羊孛卽是擎羊。化忌卽是計都。雖光明正大之日月。亦頗畏之。而爲之敵。羊刃是煞。化忌之煞尤烈。如有不解處。可購小說中之一種女仙外史。必得點滋味。其他勿爲所欺。

眞是方形。假是圓形。道家求乎眞爲方。佛家求乎假爲圓。儒家兩形兼用。眞假俱備。求眞未必眞。求假未必假。有眞必有假。有假必有眞。眞假兼用。亦難得乎中。得乎中者聖人也。日圓月方。日凸月凹。亦是兩個形勢的關係。天覆地載。天圓地方。自古不易之理。而吾人頭圓足方。人表明天地之道。方士圓滿等名詞。顯然其有分矣。無論何道何教又必須吾人代表之。傳播之。仍由人事爲推進。孔子遇陽虎則用圓。遇少正夘則用方。其他用此法甚多。其實又是方圓兼用也。

陳希夷先生有四大水口八大局之說。地理辨正疏中。有辨四大水口之論最詳。正是地理之法則。

坟塋地要南北長。至少十二畝。寬在四丈以外。平高而中微低。不往外流水。用南向。墓土要高大五尺以上。前七後三之地點。作葬口。不可立甬路。主分家別離。家庭不和。左右龍虎相輔。前照後靠完備。氣韻生動而四圍肥滿。房屋木工一概不用。可稱佳城。其他再求詳細也。

顧叔明先生生於乙酉癸未丙子丁酉五十四歲六月初九日。問流年與妻病。推演鈴星守命。機梁羊刃守身。流忌白虎喪門均衝。小限化忌。流羊力士弔客叉衝。而太陽限亦主尅妻。挫折不利。凶多吉少。小限行天喜。田宅復見紅鸞。按書云。老年人主尅制妻宮。九月不吉。十一月本身肝旺肺部疾。亦主多災。八月十二日。元配病故。

鐵夫人病取得戊寅八月初四日丑時。命垣坐申臨空。天馬天姚天虛守之。火星太歲歲破衝之。身垣地空合化忌鈴陀等星。又白虎喪門火羊相纏。身命又夾大耗廉破。九十月。非祥。宜延醫早治。

戊寅八月初六七兩日。天氣較前熱躁。度其不日必降甘霖。希望秋雨。可布麥種。其實地皮甚濕。初八日陰雲反復。因丙寅干支。故酉時西北濃雲甚低。至戌時忽雨。雷聲遠聞。不久卽止。初九日丁卯壬寅時。急雨怒雷。聲震耳鼓。未及三十分。過則復晴。惟片雲不斷。下午天氣躁熱。初十日卯時。復雷聲隆隆。暴雨三十分鐘。雲過卽晴。仍不斷浮雲也。

如某人命盤妻妾宮。是廉貞在戌合七煞。而於賭場中所遇之壞丁。是廉貞守命七煞守身者。便成爲相契。因壞丁之瞎話魔力。能入耳鼓。斲丧假去四百餘元之譜。若非與妻妾宮星曜相同。何能有如斯之慷慨。其他娛樂地點。能輕擲金錢。不問可知。朋友有是自己命盤上兄弟宮之朋友。必合奴僕宮。有是妻妾宮之朋友。必合官祿宮。有是子女宮之朋友。必合田宅宮。有是財帛宮之朋友。必合福德宮。有是疾厄宮之朋友。必合父母宮。有是遷移宮之朋友。必合命宮。其他親戚上。亦如是理看法。若見其命盤審查更爲詳細。相契與不相契。自然明白。得何星曜之利。被何星曜之害亦了然。雖然皆是朋友。有不同處。或視如兄弟。或視如妻妾。或視如子女。或視如父母。或視如奴僕。或視如長官。等等不一。

爲三寶藥房橫額題辭。其詞曰。天有三寶日月星。地有三寶水火風。

人有三寶精氣神。故吾人立身世間。對于精氣神三寶爲當務之急。三寶藥房之設。專備固精之藥。養氣之藥。鍊神之藥。願人人獲此固精養氣鍊神之利益。使精氣神三寶完足。不僅身體健康。經營富强。而益壽延年可得到美滿自然。與天地同其造化。誠然是吾人最快活事也。余亦樂爲之祝。（又有皈依三寶之意乃佛法僧也）

陰年男命。丁亥二月初四日未時生。同梁守命垣在申。宜於文職。又有作吏之說。而孤高不羣。難屈人下。書云寅申最喜同梁會。又梁同申位。利業聰明。又天同會吉壽元辰。天同化氣爲福。天梁化氣爲壽。祿權科三奇加會。名譽昭彰。紫府夾遷移。在外得高人輔助之力。天姚尚風流。宜於道門崢嶸。財祿因日月相反。火星地空有亦難存。又恐有失。惟化祿有根。不至缺乏。羊刃七煞夾命多剛强。魁鉞夾身多貴人擁護。田園孤小而浮動。現行大運諸多生變。飄泊任性。宜作道中生活。其後入刦。美中不足。

陳君巳丑五十歲十月廿六日子時生。天梁守命垣在亥陷宮遇天馬。書云天梁天馬陷。飄蕩無疑。（空刦羊火加會方論無此亦難免）附有空刦。生平坎坷。勞碌不堪。羊火陀羅共衝。亦多走極端。東奔西馳在所難免。爲人心性孤高情深。化科乃上界應試主掌文墨之星。如逢惡曜。亦爲文章秀士。可作羣英師範。天梁雖失陷。亦主孤則有福。饒上代之餘蔭。聰明閱歷。當有專長。初行運有孤苦剋傷飄泊之狀況。多情者必冷於情。內部損傷。亦造因於此。所以知世態之冷熱。悉人心之變化。亦由此而得。交十六歲後。文藝突進。頗具風光。堪稱美運。三十歲後。是非不展。中途多見挫折。（巨機卯酉主破蕩）尙能支持者。當別有可圖。（因合官祿宮）四十歲左右。鬧中進步。花開錦繡。絢爛一時。四十六歲後。主持文事。有燮理陰陽之妙。惟羊殺作衝生變。何能安靜。三合火星天馬。當有爭戰之撓。（又合身命垣與官祿宮）晚景潛居逸樂。而遇大耗之鄉。恐難如意也。本年小運入刼。有奔走。（指流馬流祿）有進益。（指流文昌）鬧中可取。（指貪狼）喜貴並論。可稱中吉。流祿到遷移。當有來財之處。

李永和針科醫士。戊寅六十一歲正月十六日戌時生。命天同。身天梁。附文昌。故習醫。頗有心得。大運行申酉方。均非佳境。本年流羊衝身。卽患癲瘓症。在正月初一日被刺激出走。妻宮續娶剛强。致使李君悶氣成病。皆機月化忌爲害。

哥役之妻。癸卯三十六歲九月廿一日卯時生。八字戊癸合。父沒母嫁。又裁縫之妻。辛亥廿八歲十一月十三日卯時生。爲再醮之婦。八字丙辛合。父沒其母三嫁。按斗數命盤詳考。頗有研究處。

戊寅八月十一日寅時。余在沉睡中。忽說出一個殊字。遂醒。室人問余所遇何景子。而直呼。余當告之。曾見似是壁上有文殊菩薩四字頗眞切。作顏魯公體勢。每字約四寸餘。旁站有一中年不識之人。請問此殊字。不意大聲說出一個殊字以告其人。竊思甚奇。或者有文藝之進步。而指示此四字。亦未可知。雖未觀其眞像。而獲觀其徽號。或是文字之緣深遠。令人想向。中年人所指爲殊字。殊字深也。與文字有深緣。或勉於余。亦不敢憶斷。卽取斗數法按年月日時卜之。天粱福蔭之星守命垣在未旺宮。坐貴向貴。紅喜助之。昌曲夾命。果主文事。可稱上吉。不過天機化忌多管事。無大礙。武曲守身垣。孤高則宜於道。貪狼化祿當見財祿而無多。因流陀有殘傷之象。白虎喪門又爲凶煞。所好者武貪尙能懷柔。而命中又有貴也。不至爲禍。來時亦在辰方。而十一日在紫府太歲方。七煞朝斗。流年文昌來合。亦主淸高文書之事。是示以文字緣深推進之意無疑。在初十日白天有文書之論作。爲已辦之事可證。按天梁土守命。昌曲相夾。兩貴坐向。則武曲金守身合貪狼。（武曲爲金鋼不壞之身貪狼爲仙佛之像）與各加會。或卽文殊菩薩之身命歟。

某醫士戊申三十一歲四月十三日卯時生。八字戊申丁巳丁卯癸卯。同梁守命垣在寅。書云寅申最喜同梁會。文藝飄泊。惟此造天梁遇馬飄蕩無疑。又遇旬空。則奔走。多猶豫。身命垣地空地刦。主孤尅勞碌。宜入道門。近年研究醫學。將來有成。亦濟世之良材也。太運行夘。大耗之鄉。父沒兄亡。行辰日月並明。漸入佳昌。行巳雙祿爲用。廉貪爲輔。名躁一時。

魏王氏三十八歲十一月二十五日子時生。貪狼守身命在子。因夫主宮廉貞羊刃化忌。在甲戌年尅夫。子女宮祿存主孤。只遺一子。十四歲七月十三日子時生。按貪狼居子主泛濫。故出外生活。

韓恆忠之母。辛巳六十八歲十月十三日亥時生。貪狼守命在子。身垣廉貞羊刃大耗尅夫。身命垣夾化忌。二十年來終日半瘋半癲。有一女去年出閣。今年病亡。查其小限行地綱。紅鸞大耗白虎羣凶作黨。又流羊弔客三煞衝命之故。子女宮祿存。祗恆忠一人。

戊寅年又七月初三日未時。命垣紫府土爲雲。身垣貪木主風。陀金爲雷。天哭爲陰慘之象。亦作雨。身命夾太陰。陰雨之狀。辰時當見陰雲。未時陰雨。微聞南方雷聲。漸震耳鼓。風雨交加。不甚巨烈。其後得悉宣武門外劈雷震瓦屋。按來時在午。流羊爲風。爲衝。廉貞爲雷。爲電。破軍爲雨。因羊刄雨急。不久卽止。戌時又雨。子時晴。因羊刄衝變之故。而天氣殊覺淸爽矣。丁丑年六月廿一日丑時生。八字丁丑丁未丙辰己丑。羊陀夾命垣。有擠兌。不得已而出動。雖有白雲。亦難留住。祿存主孤高。同陰飄蕩。天姚助之。浪漫空際。雙祿坐守。乃有根之財。惟咸池大耗。能不消耗金錢。亦主內外各部構造之意。太陽守身垣。空中之表現。有明朗之象。日之光華。顯然照耀。巨門化忌。是非波折。有破敗之行爲。巨暗又有陷害殘傷之情形。天刑主刑殺。天空乃空中之氣象。紅鸞天喜有彩色之新。身命夾武貪羊刄。携帶金屬物。有散漫之象。天虛亦作空氣看。巨門有聲。遇太陽暴發聲尤烈。武曲爲鋼。羊刃爲針。一觸卽發。

茶店經理。戊子五十一歲十一月初七日亥時生。丙子年雙祿會命垣。身垣科權。小限行戌。魁鉞相夾。武貪爲財權。領有資本。開設茶莊任經理職。丁丑巨門化忌不順。戊寅二月間。中途遇匪失物。按田宅貪狼家宅分散。陀羅另立新壁。問之果然。

戊寅年七月廿五日辰時。在廿四日癸未早晨。陰雲反復一日。至下午五六時。四面濃雲迭起。南北雷聲似有暴雨將至。不意只落數點。頃刻而止。仍是浮雲。疑他方有大雨也。按酉時爲時刃。故生變而無雨。交子時後。爲甲申。漸興雲雨。丑寅時大雨。卯末卽止。仍是陰雲。卯時末又爲甲申日之羊刃。則爲之一變。庚午時蟬皆鳴。庚字又一變。漸漸日出放晴。約二時又陰雲。三時後卽晴。按破軍與羊刃同宮。或對宮。雖有暴風雨。一陣卽過。因羊刃爲風。不至被雨所洗。比如按日干說。是六甲見夘時爲羊刃。六庚日見酉時爲羊刃。若甲日落雨見夘時遇刃而止。因羊刃衝變也。若先未雨。遇刃而天氣亦生變化。其餘以斗數中土星爲雲。火星爲晴。木星爲風。水星爲雨。金星爲雷。爲雲。爲霧。爲霜。爲風障之氣。如有雨止於羊刃之初中末不等。止是止。晴是晴。再遇羊刃。自有分明。又遇日刃時刃爲雙刃。對方亦然。而雨卽止。只在詳考耳。

戊寅年八月初六日甲子陰雨。有衝破甲子之說。至中秋每日陰雨陰雲不等。或見薄雲一片。卽落雨數點。天氣雖入秋。頗似六月降雨之方便。不過無伏天之大雨傾盆之狀。有兩次暴雷雨。宛如夏景。而不久卽止。十五日自後半夜。陰雨連綿。雲自東而西行。至午後三時仍未止。可謂之翻雲覆雨矣。陰雲反復至廿日微風放晴惟潮氣如夏。戊寅年七月廿四日巳時生。八字戊寅庚申癸未丁巳。破軍守身垣合天相。有乘風破浪之勢。羊火鈴馬等宿夾其對方。(亦如夾身)能不急轉直動飛騰雲霧間。(因刦路爲雲之意)天府天刑合武曲七煞金屬剛强物。乃有使命之器具。大耗咸池天空非安寧者。或是飛將軍也。(是日陰雲反復)雖離甚遠。只聞其聲。不見其形。破軍臨身或微被雨氣所洗。己丑四十六歲正月初六日午時生。陰年女命。八字己丑丙寅壬子丙午。天鉞守身命垣在申。遷移巨門。卽主招是非。甲戌年太陽化忌。乙亥年大耗入財宮。化忌到太陰。爲官祿宮。甲戌年患病。幾乎不起。而其翁病故。乙亥年三月卅日迎娶大兒婦(重喪日又是月晦)丙子年後三月初旬。兒婦服毒身死。因婆娘素日刻薄陰獨所致。涉訟多日。經說合。在接三晚被兒婦娘家人毆傷汚辱勿怪也。（天鉞爲陰貴人之意思）臥病不出。事亦卽息。

戊寅甲寅乙丑壬午。按斗數看。七煞朝斗格。有雄壯巍峨之局勢。似孤高尊嚴之意思。七煞爲武爲道。文昌爲文爲藝。七煞金文昌金又作機務屬看。紫府爲孤高爲尊貴。此某印書局也。按身命垣七煞極剛强。太歲歲破衝之。不安有破。天馬出入奔波不寧。文昌雖有進益。而火鈴相夾。當走極端。天馬又是變動。太陽臨亥居宅反背。又是一變出動。合巨門主口舌有爭持。全局人位多背之。難融洽。有離散之象。以身命垣爲全局與房屋。以奴僕宮看人位。以田宅宮看內部。太歲歲破旣衝身命垣。定主變動有致身命之傷。按奴僕宮天機陷。又遇化忌。主腦人位失事不順。生波折。事體尤繁雜。有紅鸞之喜相纏。有天魁之貴相輔。均非局內主體事也。見喜見貴爲個人之事。官祿宮遇破。流羊來衝。往來官祿上。亦多衝變破局。流耗入相貌宮。以前之整齊。諸物之次序。不作穩當看。正月非安。有文事。二月忙碌更動。四五月卽生變故。六七月身命奴僕搖動。八月荒耗消財。十月十一月又來是非擠兌隔離。明年大耗到申。兩貴雖合。亦主勞碌欠安。流年到未。兄弟奴僕兩衝。又生離心離德之事。白虎入宅不吉。（房爲主。當看身命垣。入爲賓。當看奴僕宮。此是一法。）

梁文卿先生之第三續室。癸卯十月初七日巳時生。武府守命垣在午。破軍守身垣在辰。心性剛强。十六歲後。入廟禮佛。廿四歲突經某人主婚。卽出嫁矣。遠處滬上。十年來無生育。破軍宜出外。女命亦然。

鐵夫人戊戌四十一歲八月十七日寅時生。廉貞七煞守命垣在未利益。加吉爲財官格局。附有天鉞貴人。合有天魁貴人。爲坐貴向貴。非凡庸可比。紫府左右祿科加會。書云三合吉拱主封贈。又云逢化祿。剛烈機巧清麗。旺夫益子。又廉貞入女命云。女人身命值廉貞。內政清廉格局新。諸吉拱照無煞破。定教封贈在青春。又云廉貞七煞反爲積福之人。又云廉貞清白能相守。按以上論斷。宜富宜貴。武破守身垣。有孤高剛强之心性。聰慧秀麗。卓越超羣。大運行巳。財喜並臨。百般風光。自不待言。因合官祿宮。當然周旋於親友之間。行辰宜靜養。勿憂疑。今年小限臨太陽反背。尅男星不順。自亦多病。流魁鉞紅喜。可能解救一切不祥。明年白虎臨身。流羊衝命。仍主多病。身懷六甲免災。生有三子三女。晚景福祿可知。

乙未四十四歲五月十三日申時生。當業。天府爲權令之星。又爲祿庫。守命垣在戌。書云天府臨戌有星拱。腰金衣紫。紫微右弼文昌天相來合。可謂諸吉擁護。鈴陀羊刃爲用。七煞來朝。定主財權兩旺。書云府相同來會命宮。全家貪祿。此府守命而相守身尤佳。又云府相廟垣格最良。出仕爲官大吉昌。又戌宮天府纍千金。豈只腰纏十萬。卯與戌合。權祿暗助。日月並明。所謂名譽昭彰者也。武相守身垣入廟。主財爵並旺。雄厚有威。陀羅文昌爲權。得鎭攝一切之能。心性剛強。尤尚道德。四煞共衝。能不爭乎世間。經商理財。出人頭地。相貌宮合日月祿馬。邀上代之餘蔭。與所創之途徑。復能主持。開闢新基。推行盡善。有守有爲。無美不備。現行大運。得造化之機。實出日月。得日月之光華。必有所奪。主尅父母。若履信義。明忠誠。（

指巨門言以免口舌家宅不安）自然福祿禎祥。行午爲財帛宮。因刲路亦多奔馳。三方來合。當有新猷大展。正財爲根。偏財爲用。（指紫徵鈴星）鈴星又有漏財之處無妨。氣象爲之一變。（桃花貪狠大耗）晉璧楚珩。羅列尤盛。可爲預賀。行巳入空。祿馬交馳。奔走道門。益顯光榮。

凡人大巧必有大拙。小巧必有小拙。大善必有大報。小善必有小報。若能退一步想。必有餘地。只顧眼前。不求穩練。何能持久。此理顯而易明。每每不悟。亦大可惜。比如糊塗人。偶然說出一句明白話。聞之頗愉快。而明白人偶然說出一句糊塗話。亦要令人生氣。豈不知皆有打不破的悶葫蘆。清濁要自知。心與口行能一致乎。處於今世。罕見罕見。將來是弄巧成拙。看誰的手腕靈敏。我知天手較人手靈敏。不然能否推翻一切。若能翻新。我亦願聞。以批命說。那有一句明白話。若要明白。就無話可說。則此稿本亦不必留。留此稿本。當作糊塗看。亦無不可。比如原被二人因明白起訴。豈不知得到判詞後。仍是一榻糊塗。不如當初糊塗不起訴爲是。俗云難得糊塗。或由經驗而來。蓋明白人。辦出多少糊塗事。亦由閱歷所得乎。

友人時常令余寫格言字畫。余當告以格言不耐觀念。人皆向前行走。不喜格言。非倒退而行。始能合宜。只在爭讓二字分別。又不僅此二字了之。

朱潤卿君辛巳年十二月初二日酉時生。以孤身在外創事立業。突發至廿餘萬。行破軍限。開華興厚損去大半。發亦是破軍。賠亦是破軍。若欲知將來有破。則不必再經商矣。置買田地。或可減輕。
先父母於癸丑年春冬相繼沒世。遺有民糧紅契地兩頃六十一畝五分。
坐落京南龐各莊鎮西南方張公堡一帶。每遇九月間往取租銀。嗣值荒
旱。農民甚苦。因念先父母生平好善。身後尚未廣作功德。以資回向
。故於民國九年庚申小陽月。發願將此項地畝施贈各租戶為業。其新
舊所欠租欵。悉置不問。當場焚券。赴縣立案。准予另行投稅升科。
以承先志。而奠幽靈。庶幾稍盡子職。迨後村鎮紳商及各租戶來京約
七十餘衆。公送德邁馮蘇四字匾額。却之不恭。受之有愧。經友勸說
。遂收存。不敢懸。究非余之初志也。畧述梗概。以告後生。按命理
詳查。是年小運所行。皆福壽之星。有以成就此舉。
山東堂邑縣許劍秋贈序并聯句歲丙辰卸職鄂署。遂由長江啟輪東下。

游覽數省。聞蘇趙古多悲歌慷慨之士。思欲一遇其人。乃携劍北上。寓京古寺。有持德邁馮蘇乞書者。問其事曰。今有京寓王君栽珊其人者。乃學子也。慷慨好義。濟人樂施。家有負郭田二百餘畝。招佃納租有年矣。今因歲歉收。憐諸佃貧苦。慨然捐其田給各戶領種爲業。並會衆而焚其契。贈以額誌弗諼也。所謂燕趙慷慨之士一遇者栽珊其人乎。然馮驩燒券。爲孟嘗謀三窟也。蘇公還契。乃別墅非故宅也。栽珊捐千金世業之田。救諸佃俯仰之困。以生以育。百代食恩謂之曰邁。則誠邁矣。余常歎世風之衰薄逐利不已。竊得栽珊義行以爲幸。於是論之。以勵俗云。其聯云。千古俠風多燕國。百傳食德衆民家。

庚申冬月堂邑許公瑗撰贈

甲寅秋月。京南龐各莊鎮善士馬旭亭先生。募化重建呂福宮於鎮之北街。並設純一壇。經衆贊許。令余書額賚筏開覺四字。匾長八尺餘。每字約二尺。該鎮北裕豐燒鍋經理王子千甚愛之。拓去數紙。轉送道中人。詳查余之運限。乃遇流年文昌。得有此文書之進益。亦不計字之工拙也。

壬申春。重遊西山靈光寺。時值芳春。桃李正艷。被邀同遊於四平台之西山坡。盤繞入靈光寺廟。茶憩良久。偏視各方殿宇院落。均非舊觀。惟一亭甚大。細審之。乃就塔跡接連築成。卽登此亭。遠眺一切。不覺回憶三十年前。有清光緒庚子四月間與祖母顧親朋於此山之南。每日遨遊。頗生樂趣。彼時此刹早爲拳匪所據。延至是年七月廿四日。拳匪乃乘一時之忿。將由京城逃出名韓海軒者及其妻妾殺死。益無忌憚。終日用雙抬槍演射於山口。聲名狼藉。勢所不免。突於八月十九日夜間。亦國外人合剿。拂曉佈滿全山。槍聲彈落之音。不覺於耳。余與祖母。雖見驚恐尚能鎮靜。尋山南之廟墻急行。並蔽彈雨。郎奔赴黃村親友處。途遇外人武官騎馬巡視。亦未過問。又見炮車士兵等等。皆雄糾糾。是日午時。聞巨炮隆隆。遠望四平台忽起白烟萬丈。直衝霄漢。當問之。友人云。必是靈光寺寶塔被轟擊也。後聞外人連日搜查拳匪。半月後始息。而拳匪皆死亡逃避無踪。此廟此塔俱成焦土。亦慘矣。今住持改建此亭。而余登之。猶憶昔日登此寶塔。惟不及當年之有興趣矣。余與祖母。蒙此恐怖。從槍林彈雨出。亦危矣。祖母於壬寅年冬逝世。壽七十六歲。計來祖母棄世逾三十年。而生前愛我最深。希望亦重。自幼撫育之。長成後又無以報祖母也。今復遊此處。獨無祖母。傷今痛昔。有如此之甚。而余祖母若生。又不知來此作何感想耶。是爲記。按余之命運詳查。是年祿馬羊刃太歲死符故如此。幸遇魁鉞貴人。而履險如夷。

某律師辛卯四十五歲七月十五日未時生。巨機守身垣。主破蕩。不過蕩法不同。而巨門爲是非之宿。爭持之星。文昌化忌多管文事。即代理案件較多之意。天刑主刑法。主官事權令。故爲律事。官祿宮天梁遇馬。乃飄蕩之職務。是奔走浮動之事體。命垣日月同宮。有光明爭榮之象。運交廿五歲後。科祿昌曲。三方相合。行律師職權。財資逾十萬。卅五歲後。遇破軍羊火。反虧巨萬。蓋巨機之破。破軍之破。羊火之破。又因疾危宮廉耗之破。有以使然。又合田宅羊火地空與破軍。故財產亦不利。有破之局勢。命垣化權。財宮祿存。又合化祿。本主財權。而巨忌擾亂其中。由吝而消。亦頗可憐。巨忌臨身垣。宿疾沉痾嗜好亦必有之事。再參看疾危宮。凡人不幸。遭遇詞訟。即是破敗之局。所以破敗之星曜。對於破敗之事體。必表同情。是非短長。較量有由矣。訴訟人不遇此。無以成詞。調理者不遇此。無以行其職責。天地之妙。於斯可得。諒古今貽害與被害者。當逾恒河沙數。可哀也夫。天刑主刑傷刑尅。又主行權法令與刑法之事。所以法官律師不離天刑。用其所刑也。無論原被辭訟人。均是被刑者。人多不悟。用刑者亦必自刑。箇中人均能指實。天刑宜於僧道。法官如僧如道。所以公門中好修行。即謂此也。

朱增勳先生之夫人。陰年女命。辛亥廿七歲十二月初十日巳時生。身命垣無正曜臨。二姓延生。幼年住親戚。命合火陀。身合地空咸池天姚羊火。福得羊刃合空刦巨門。故爲續室。天刑主刑尅。見子女各一難立。又因子女宮天馬化忌之故。下丑年田宅天馬小限臨之。故避難來京。身垣大耗咸池。羊陀又夾。巨門化忌。三歲小孩在十一月天亡。家中妯娌。因其來平。加以種種不良待遇。皆巨忌羊陀夾身使然耳。巨門在遷移、多招是非。火星亦多側目。夫主宮地空。卽朱君已故之元配也。（尅去與埋在地下曰地空男爲天女爲地。其地成空。坑窪亦是地穴。）天魁乃朱本人。若非續室。必先尅一夫。再醮。日元癸卯下爲甲辰換旬。辰卯相穿。再推爲乙巳。蓋坐下貴人是巳上貴人。卽朱君也。戊寅年不吉。身懷六甲可免。問之已數月矣。

房山縣人劉彩軒問家中吉凶。取得丁丑年十月廿四日未時。命機梁相爭。卽是家宅有爭。身祿存相擠。羊陀相夾之故。宅院複雜。出入人較多。因大耗咸池之故。亦主諸多不齊。殘破之象。家眷已移動別處。指田宅宮羊刃而言。西隣已空。亦多不整。指廉破白虎而言。東北巨忌之家。是非不利。正南之家。凶纏不寧。據云南隣安姓曾被匪來打傷。損失甚巨。其他均如所占。

費靖安大夫問所看女人病狀。取得丁丑年十二月初四日辰時土五局。當答曰按命垣武曲七煞兩種。極孤剛之金。被白虎金所衝動尤烈。其命已傷尅。必是筋骨肺部癆傷等症。流年文昌天鉞虛邀進益。不過大夫所開之葯方。廉貪主女人。守身垣在巳。落陷。飄浮不堪。主肝胆心火之疾。陀羅主腰背足難以動轉之疾。癆瘵爲其主體。而疾危宮太陰主水分大虧恐難獲痊，據云此人患病一年有餘。腰脊與前胸均突出。臥榻久不能離矣。陰分虧損。虛勞已極等症。按此占斗君在午。正月卽不佳。顯然客歲羊陀夾身垣。廉貞又遇流年化忌。卽主病之發源。蓋平日剛强尙氣鬱所致。難稱吉象。（腰脊突出卽是陀羅。俗說前脊後羅鼓）按田宅宮看。巨機化忌大耗咸池。何能順利。多消耗虛花不安之情形。天機木枯乾之象。如柩。又如柩中之物。恐不久則就木焉。各宮皆要關照看。便無可疑之點。

又問某男人之病。取得丁丑年十二月初八日巳時。推演火星天刑守命垣。主刑尅。有衝破。大不安之象。對方巨門化忌。可謂此造卽主是非爭持不順之命也。不順卽是逆。身垣在午。羊陀相夾。大受擠兌。地空主失事。有爭戰之撓。大耗咸池勞碌不安。疾危宮在卯。天相水主膀胱氣疾。喪門木肝旺。三煞內之災煞居中。有急氣急熱之疾。對方廉破心氣急熱下寒。白虎金肺氣不順。可謂氣逆。再查身垣地空之上火下寒。有氣逆血逆之疾。祿存主脾胃疾。其他星曜亦百般不安。

對方太陰主陰分素虧。天同主氣分疾。天姚水不問可知。又有胸膈腹痛之類。田宅天馬合陀羅。不能在家住脚。據云此公因在市府被裁。諸多欠安。以致打膈氣逆症。先服葯見愈。今又反復。按月令論。十二月正在午方。來時亦在午。恐此月不易好。明正亦凶。

韓某問病。取得丁丑年十二月廿一日酉時。火六局。貪狼守命垣在辰。被流陀所傷。幸貪狼入廟。能抵抗。則主肝旺。武曲守身垣。乃肺部疾。咳嗽吐痰。外風寒（指田宅羊鈴）內濕熱所致。（指巨陀化忌並因父母宮之所起）疾厄宮太陽火居反背。必有時令瘟邪。對方巨忌。口舌爭。有急氣。天魁火天馬火勞碌之疾。田宅羊鈴。家宅搗亂不安。因爭嘴抑鬱不舒。據醫士云。氣逆反胃。不容飲食。有外感。其肺部疾。即多年固有之病。又因烟酒濕熱所致。

紫微之方。不論何宮。當有紅臉老頭。或中年人。有在世與去世之分。心性耿直。脾氣古怪。人緣尚好。若該人在時。則其家好過活。不在時。則其家必消敗。審慎之。要在於臨時考驗。見命即問。細聽周詳。考過幾次。便知其滋味矣。兼可考與紫微同宮星躍。一切輕重。又可得一證據。

吳靜齋先生辛巳年十一月十四日子時生。貪狼守身命垣在子。戊寅年斗在辰。七月在戌。白虎金羊刃金流陀金七煞金。尅大耗之樹。延至八月令。太陰亦樹。對方天機亦是樹。因流化忌。其樹不順。並有波折。西北隣家。忽將靠墻間之多年大楡樹。（在彼方爲正南方流羊作衝若查該方人之命盤必是天機合巨門或太陰大耗在午）砍伐大幹一枝。係吳宅地基物。經吳先生止之。故未能全除。樹亦有刑傷之苦。刀鋸之害。又按亥卯未三方看。未方有顧姓老太太五十一歲病故。天殤主癆瘵。即是老太太。流鉞無力。合對方巨同看。即爲老太太之命。客歲流羊巨同。即主災病。瘡痍。流天喜即主女人。而其夫主宮。即天機化忌也。再合巨同紅鸞看。若見其他喜事。或不至於死亡。故通俗上有喜衝之說所由來。顧君乙酉五十四歲六月初九日酉時生。機梁羊鈴互守身命垣。八月流年紅鸞入田宅。即主尅妻。（其小限亦行紅鸞書云老人喪其妻。太陰限亦主尅妻）暗合吳先生之命盤。係機梁化忌之意。及其他一切。九月流羊在午。顧姓主遷移。而正南午方祖姓。又因流羊見挫折。奴僕宮天機流化忌合對方爲機月。其奴僕八閱月以來。內外不順。難以筆述。合酉流耗。合丑巨門。故多搖動不安。按吳先生命理論。今年尅奴僕宮。奴僕又住在東南角上房屋。正是巳方。羊陀相夾之方。大受擠兌。而僕人正是天機守命垣在丑。遇今年化忌。故其命不順。流年紅鸞曾得一孫。

明年奴僕宮。遇陀羅天馬。當見腰腿手足之災。往返徒勞之苦。考僕人爲童姓父子。隨侍年限最久。卽應老榆樹也。其子今夏他去。卽應砍去一幹。凡事如影隨形。故一人之命盤。環繞各方。關乎一切。眞有不可思議之妙處。

王春祥新安人。生於巳未年三月初一日戌時。紫微守命垣在午。爲極旺之垣。有升殿之名。附有左輔祿存。府相祿權加會。不爲孤立。少年卽主騰達。武相守身垣。賦性剛强。文曲化忌。難免下寒腿痛。吸食鴉片。亦必有之事。武祿財星入財宮。當主財祿。今年春天。余曾看過此造。言及三月生變。因流羊作衝。四五月見喜見貴。定有奇遇。至時果然。領有巨萬。在津經營棉業。按二十歲卽能開展。可謂少年騰達矣。今年小限入刦路。本無可展。因紅鸞流昌流馬。極其催動。而右弼流科爲紫微之命出力。相貌宮又合魁鉞紅喜。流化祿坐遷移。流羊衝命主動。棄舊事從新業。亦固然也。而破軍奔走酬應虛耗。太歲臨身垣。當有一時之雄。考其兄弟宮。有弟一。因陀馬。腰腿足軟。行路艱難。亦下寒之疾也。考其像貌行動是破軍。文昌臨於正北。幼年讀書。卽在北方。因貪狼之氣散漫。距離三十里外。始得讀書地點。今年流耗入宅。家內不安。明年己卯財權尤盛。貴人親近。惟身體因流忌而增弱。亦多事勞碌所致。（又告以今年事體。九月因流羊有變故。據伊云。又有資本家加入五千圓。若是。亦貪狼流化祿之故耳。羊刃作衝。化祿不完。只成半數）。

一宅之長。一號之長。及一署之長。皆以命運而任。至頭腦手下者。爲伺候人。非伺候其人。是伺候其命運也。故作領袖者。當有自量。命運一過。輔佐離散。而伺候人者。尤當自量。將來命運旺時。亦必用手下人。若不自量。必至貽悞。伺候人者。亦是命運所致。故達人知命。命者。天命也。卽是天數。雖神佛亦不敢逆天而行。吾人要速警省。勿爲其他所欺。

巨門主口舌是非。爭持詞訟。該方時常見口角相爭。與好管閒事之人。或在村中辦事。或爲巫醫。均不可親近。如無人家之處。該方地主。亦如此理。

王勝千先生葯舖生理。已未廿歲十二月初五日寅時。右弼守命垣在亥。天府守身垣。左輔爲助。辰方太陰寡宿。有居孀者。其夫生前在外爲傭。（以寅宮合申宮爲夫主）置有地一頃數十畝。子一。娶媳後。見有二子。其後亦故。家業衰落。（以丑方作子媳宮看。天虛地刦。對方羊刃來衝。又遇破軍。故命極剛。而亦居孀。以亥方右弼火星天哭合對宮。作其夫主宮看。當然主尅。故兩輩孀婦。只遺弱孫二。由此看來。王君之命垣。則孤苦飄零可知。聲稱兄弟四人。現本人尚無妻室。巨門祿存脾胃疾。天機等星。肝旺火盛。天姚咸池。勞心疾。上火下寒。文曲化忌。氣分疾。時有夢遺。又通醫學之楊雲章先生。壬午年二月初二日亥時生。武相守身垣。化忌則下寒。左腿疾。平日亦好生氣。心性剛强所致。

吾人行常每日總要看看天氣。是冷熱寒温。風雨陰晴。自家與親友見面時。多作開口話。亦是人之常情。惟多不深求冷熱寒温風雨陰晴之用意。與吾人有何等關係。是否爲鑑。吾人多不知也。若每日動靜間。必要看看自己運限月令。因果報應。禍福昭然。若能再看看人家運限月令。又可以人爲鑑。人人若能引鏡自照。庶幾可以爲人矣。無異看天氣。道寒温。並可審透世態炎凉滋味。

看村鎭氣脈。先以村中村頭廟宇定之。若廟宇坍塌倒壞。殘破不整。必是闔村善人少。內部不一致。互相爭伐。飄流死亡等等情形。何能言富。何能發旺。若見村莊廟宇重新。村中必有能主事之人出焉。惟廟宇磚石。不論何家運走購去竊去使用。定遭凶禍灾殃。與殘破廟宇相近之住戶。必然有殘暴不仁者。或破蕩敗業寒苦艱難之家。決無發展。參看陽宅要衆篇。諸廟宇神煞表最靈不過。該表尙有未盡者。宜考查確實。最好隨筆記之。生乎天地間爲人。成人之後。當作之事。

即是仁字。故人之第二即是爲仁。書云當仁不讓於師。他人始能敬之。爲人。爲仁人。不然人字之上。只看加以何字。

甲辰廿四年十月廿六日未時生。天同合巨門守命垣。爲是非多管之宿。太陽天刑守身垣。太陽居午。日麗中天。雖屬光明之象。乃流動之曜。而天刑主法律。（天刑主刑法。若爲僧能任戒師。其他亦好多管事）。附有化忌。亦主好多管事。波折風浪。等等不一。有以上種種。故爲律師亦頗合宜。妻宮祿馬。主財祿流動。財宮機月又相爭。（書云。寅申機月福須輕）。在乙亥年元配因吸白面。自請下堂而去。因乙亥年紅鸞大耗流羊入命垣。小限合大耗。歲破主破財生變尅妻。官祿宮又遇太陰化忌。合妻宮。故有如是之波折。况祿遇馬。決難靜守。太陽化忌。素性剛暴。恐中年後目疾。甲年雙化忌不利。丙子年小限行午。流羊衝身。陀羅衝命。遇詞訟事。頗不順手。終未救出該案中人之生命也。父母宮紅鸞武破鈴星。故爲庶出。爲人一生不到法庭。幸福匪淺。而社會上。專有一般勾結之流，叉圈弄套。時常出入法院爲榮。現在雖有律師。此輩亦難免也。眞寃屈者。到法院必須如逛公園。方能養氣。觀前代廷尉之事蹟。便得梗概。從古如斯。爲之奈何。

房山劉彩軒辛巳年五月十四日戌時生。紫府守命。附有陀羅破其格。爲煤商經理。戊寅年流陀入身。腰腿疼痛。下寒之疾。原疾厄宮天同合太陰。目疾甚重。頭暈失眠。太陰陰分虧損。今年流耗入相貌宮火旺。屢葯無效。余問以西隣去年白虎卽凶。今年流耗太陰仍主不吉。當有婦女死。火災。（因其病之情形卽測該方）聲稱西隣白姓故去一老太太。本人被嫌虛驚。其高大南房五間。因無人被焚。而伊院內飽受虛驚。亦見火勢熖熖。與其病有同等模樣。並焚去大樹一株（太陰主樹遇大耗）余又問以南隣有田園之損失。伊稱該方安姓所種白菜。因雨水不潔全壞。（因流羊在午借酉方爲田園太陰是水澆地遇大耗之故去年白虎亦不吉）東北之方。因七煞太歲主凶。當有官灾。伊稱曾死二人。其弟遠逃未歸。官事仍未了也。按其小限辰方。流陀壓身。天哭喪門白虎作衝。（其小女正月卅日病亡）難稱順利。余又問所作之事。因流羊衝官祿宮。在五月必生變故。答以四月初已辭去回家。今來有他事。此七月陀馬相遇。必見往返之勞。余又告以十月十一月家宅不安等事。明年波折不順。未敢道及。因其多憂多慮。看命對於此等處。當愼言之。照人之命盤按每年月作推測。加以四鄰考驗。描寫情形之輕重非十餘紙不能盡也。普通人每以此等哲學。看成街市上算卦推命爲一小道耳。或以迷信視之。無關重要。豈不知觀測一切。對於修身齊家等事。以至家庭常識。預防病機。（故分出十二宮令人審查）無不包羅在內。中庸大學論孟書經易經諸子百家之書。盡在其中。誠有益於人世不可須臾離之要道。其他尤爲神妙。萬不可忽。有失古人之苦心。再者此項哲學。較詩賦詞章爲嚴明。每多不究。揚雄謂詩賦小道。壯夫不爲。古人已看破將來必有被誤者。至今亦多不省。其終日推敲。詩酒放懷。號稱文豪之流。欲以酸味爲能事。而又不知所讀之書爲何事。亦可哀矣。韓非說難。而死於難。商鞅變法。而死於法。屈原之美。無補於正。賈誼之論。徒成禍端。其他歷代清流。又不計其貽害。所以悞矣。

談命一道。有不敢說。不能說。不可說。不便說。不得說。不懇說。不必說。不宜說。不暇說。又有勸說解說直說。不得不說之分。此談命者。臨機應變之秘。

陶律師庚辰五十六歲二月廿二日巳時生。天同天刑化忌合巨門守命垣。故宜於法界。經管是非爭持之事體。祿存守身垣。主孤主財。生平卽擁有厚金。不過以此爲名耳。五十五歲小運行辰爲天羅。遇巨暗限。太歲歲破衝命。官符入宮祿宮。經手刑事案件。幾乎不救。復由他人援助。始轉危爲安。所以巨門天刑官符衆凶曜相纏。亦難免有詞訟之累。五十六歲小運行巳。天喜限合武破紅耗。流年太陰化忌。又合身垣。並妻妾宮。流年大耗入遷移。合巨門與命垣。妻病甚重。原書云紅鸞天喜晚年不宜見。按紅鸞天喜咸地與大耗同宮。大小限均主尅制妻妾。或有外遇。因紅鸞而耗金錢。或爲娶親定親之年。或遇此等限運。有嫖妓戀愛之事。或女死妻亡之類。

上代若是同梁巨機日月等星守身命垣。或三合弔照。則所生之子女一代。必是七煞破軍貪狼武曲天相廉貞紫府等星守身命垣。或三合弔照。而孫輩又是日月同梁巨機等曜。（可查祖先牌位生辰推演便知以上得失只看福祿吉旺之星。擁護之力爲何如。可見天運循環之理。再看攷地之厚薄亦可批判。並知其上代與後世所得所失。

余在十六歲時。有山東海陽夏村附近某村崔銘初字鼎三先生來京。曾執弟子禮。其後偶爲觀感之說請改正。批云少年當有英發之氣。不宜爲此文。戒之戒之。其說至今猶記之。嗚呼。人生塵寰之中。如在夢境之內。百憂感其心。萬事勞其形。忽而爲六欲。忽而爲七情。或者爲禍福。或者爲榮辱。每匆匆與碌碌。倏百年而忽終。識時務者。心存定見。俱達觀者。推倒愁城。古往今來無非一大舞臺也。又何必藉薦於優伶。詳查該年。乃遇流年文昌與巨門同宮。故有此一段牢騷。考戊寅年九月初五日未時生。按巳時卽起浮雲。午時陰雲密布。微見雨點。未時青雲如烟。忽西北風來。墨雲尤低。聞西南方呱呱之聲不斷。乃巨門天機而守命垣者也。書云巨機居卯爲破蕩。附有文昌。主文藝厲。對方大耗來合不安。能不盡其智辯而抵禦也哉。化忌波折不順。天梁守垣在巳。孤獨而形小。有飄泊之象。因羊陀被迫。不得不爾。地空地刦相夾。多坎坷。不作自然看。卽出而觀之。遠望如風船蹈海烟一斑。忽露頭。忽現尾。忽而身。忽而足。忽又不見。好似龍雲之變。乃向昌馬廉貞之宮而去。不聞亦不復見。原來小孩兒鑽入被服中矣。

天刑入廟。名曰天喜神。掌生殺之權。不入廟得之。若是工頭。亦是掌去留之權。在社會上。私人方面。又可主持事體。身命運限遇之亦然。按古代兵刑爲一事。西漢書有刑法志。無兵志。兵制列於刑法制之首。古者大刑用甲兵。小刑亦可說是戒尺。帝典有明於五刑。以弼五教。故天刑有兵刑爲一之意。又可作掌教之師。如僧如道爲僧爲道。是原書所有。辛巳五十七歲十一月十三日子時生。貪狼守身命垣在子。書云貪居亥子名曰泛水桃花。又因紫微來合。非僅謂貪狼也。紫貪並論。有文明之象。而好學神仙之術焉。考其相貌身軀。亦是貪而紫。紫而貪。年上辛金。外柔而內剛。別有古怪。桃花有指博愛之意。談奇說異。是其所喜。若只以女色判定較狹。快耳目悅身心。確亦有之。生時爲子。身命同安。對方亦重要。府相左右魁鉞與諸吉共朝。紫微正在升殿。得有輔佐。則主權貴矣。生平遇險有救。或賴此歟。大運在亥。驛馬飄泊。入戌合官祿宮。又合寅午兩方。當屬大展。惟羊鈴大耗化忌。任事每生波折。諸多不久。艱苦備嘗。曾充營團旅長官。及其他要職。卅五歲後雙祿化權相會。任河南各要職。富有二十餘萬之譜。四十五歲左右行財宮。因破軍如湯澆雪。辦理陝甘汽車。損失大半。輕重失當其他不一而足。現好佛道。施葯濟世。而尙世外文學焉。蓋天刑日月巨同限運使然耳。桃花之名詞。乃亂花虛擲之意。生平奔走。歷十餘省。苦樂飽嘗。亦天然之性。以子女宮假借爲妻宮看。因祿存合太陽天梁定顯光華。頗能主財。按其夫入之命盤巨日祿存守身垣在寅。又爲財帛宮。與此巧合。亦是天緣所致。考其父母宮巨同。生前夫妻好拌嘴。聲稱其母故時。係吞鴉片死。在外奔走。未得親視。

紫貪爲胡仙之類之精之靈。又如口內之舌頭。有口才呑吐伸縮之能力。得出納術。易於修練。(不出惡聲。亦是修練。)並代表一切心性情。口爲水口子水。按相書云。嘴之上下左右有痣爲水厄。尤主孤獨。舌根屬腎。中屬脾胃。左屬肝。右屬肺。而脾胃主中焦。腎主下焦。心主上焦。俗云舌爲心之苗。口爲出納官。惟舌是賴。舌屬紅白色。(卽紫貪之一切意思)粉紅而潤者吉。呑多吐少。好吸烟。貪口腹。或賭博。亦在此。能說。好說。又好啾咕。(男女廉貞亦好說好啾咕亦是舌尖。)原書謂貪狼臨於子女宮爲陷。言其父母只可培植子女。子女不能奉養父母。或不得奉養。又因在外奔波。不得回家。或爲女。或早亡。不得力也。(貪狼心性雖急躁。而好懶惰。又好借物不還之意。總而言之曰。其貪若狽。其性爲狐。翻臉不認人。過河就拆橋。古人命名。眞實不虛。又爲范蠡文種之故事。可以共患難。不可以共安樂與該國王相貌亦同。

如某人之命。壬辰四十六歲五月初二日巳時生。紫破守命垣在丑。書云紫微破軍無左右無吉曜。凶惡胥吏之徒。內附化權昌曲來合。略緩其勢。火星來衝。小人側目。天刑主不夭則貧。羊鈴夾命垣。生平多奔馳走極端。身命垣又夾天機羊刃。亦是枯乾之象。祿存守身垣。主孤主財。紅鸞大耗同宮。暗昧不明。而心性孤高。或大言欺人。或竟說假話。居心不良。不可親近。書云紫破貪狼爲至淫。男女邪淫。此貪狼合身會命。亦然。祿存陷於大耗之鄉。雖見財而無道。有財亦消。重於紅鸞。不濟親友也。又爲妻妾宮。必因妻宮多病耗財。亦主浮花浪費。奢吝失當。考其本人之像。係貪狠兼廉貞。非祿存也。斗數發微論云。紫微愧遇破軍。淫奔大行。紅鸞羞逢貪宿。命身相尅。則心亂而不閒。玄媼三宮（卽天姚星）則邪淫湎躭酒。（不僅躭酒嗜鴉片亦不免）又云大耗會廉貞於官祿。架杻囚徒。（大耗亦是破軍。破軍亦是大耗。此耗破俱會。）廉貪在巳落陷附天姚。又在官祿。所遇可知。書云天姚若與敗星同。號曰人間掃氣囂。辛苦平生過一世。不曾安跡在家中。此造一生飄泊在外。溺於烟色而巳。將來一切不卜可知。

某西醫甲午四十四歲二月廿七日戌時生。八字甲午丁夘甲戌甲戌。木三局。丙子冬月忽得三奬壹千五百元之數。除付外債。餘百元。乃問余爲何有此彩氣。當卽答曰。丙祿在巳入命垣。天同守命又遇化祿。謂之雙祿重逢。驚人甲第。故得仲奬劵。亦是驚人甲第事也。在未得奬以前各月。有種種大受擠兌之事。所以到手成空。況財宮大耗陀羅。何能積蓄。生平奔波不寧。田宅貪狼氣散。宜別創新業。按身命垣主半文半武。官祿巨機在酉落刦。無大官職。曾任軍醫多次。然非精進西醫者。此造兼看左輔右弼。而紫府不遇，不過一生爲其父兄忙。因父母宮天府。兄弟宮破軍合紫微天相。可以說是盡孝道而無怨者。

趙君已未廿歲十一月十五日酉時生。天府令星守命垣在夘。武曲七煞守身垣在酉。心性剛强。考其相貌身軀。爲七煞兼對方天府。丙子年小限在午。其父病故。因巨門流羊大耗三煞等凶星爲害。又破生年之祿存。今年大耗臨身垣。小限入刦路。同梁遇馬。雖在學校讀書。而飄浮無定。心緒不寧。小限紅鸞。當見喜。惟天馬同梁與之同宮。小產滑胎。兄弟三人。此君居三。現其長兄經營商業。內部空虛。訟纏被拘。以寅方作長兄宮看。天喜合同梁紅鸞。定是飄蕩者。太歲壓宮。以午爲官祿宮。巨門官苻流羊力士（白虎歲破等來合）故如是。次兄現患精神病。似瘋似癲（以丑方作次兄宮看。按丁丑年流羊太歲衝之。卽主不吉。爲病之因。）余又查不僅此病。以申方借來爲其疾厄宮看。天梁遇馬。當有淋濁遺精下瀉下寒之疾。天同又爲氣分之疾。精神病亦由生氣所得。去年丁丑流羊衝其宮。羊刃主動。又主瘋顚肝旺之疾。今年紅喜魁鉞臨丑未。當有貴人救濟。明年流羊又衝。恐難醫葯。（流耗到申入疾厄宮。恐轉於時令症）。再考其家鄉坟地坐東向西。卽是坐天府向武曲七煞。武煞爲高大之山。因鐵路佔用此坎墓地基。移於他方。改爲坐丑向未。卽是坐紫破向天相。在未起靈之先。其父不見發展。遷入新塋。十餘年來突然大發。其父丙子年病故。

其家業與事體。不及兩載。頗見敗落。因破軍與對方羊刃終有破局變化。紫破旺氣已過。過則必敗。如湯澆雪。若在舊壆。發而不破。本命盤妻妾宮。紫破孤高破面有疵。文曲主左方面有孤痣。而化忌操心多管。不爲順利論。或被尅而再娶。再考此君明年限運行刦。太歲歲破三煞衝身命垣。又是化忌。流羊衝之。仍主不祥。妻宮亦不安。爲其次兄所借之富垣。其次兄之吉凶。不言而喻。如將此命盤所斷活用各宮。審查明白。其他亦易了然。

杜友棠先生。乙酉五十三歲三月初四日辰時。火六局。武府守命垣爲旺。主武職崢嶸。財權令名。天魁坐貴。左右昌曲天鉞化科加會。文武皆宜。紫府朝垣。府相朝垣等格。羊刃七煞廉貞拱照。武職威勇。而昌曲化科則文矣。廉貞守身。孤剛英斷。晚年宜入道門最祥。初行大運。飄泊奔走。行戌合官祿宮。即蒸蒸日上。因羊刃擾攘。中途每有變遷。行酉財祿遂心。諸多要好。必見消耗。而光風霽月。自是美境。行申美中不足。只因對方諸星爲害。行未入刦。仁者樂山。智者樂水。欲上仙梯。何難之有。今年小運行亥。財貴驛馬。勞動利益。田宅化忌。波折是非。明年天機化忌。仍不安。流羊衝命。太歲衝身。小人相纏。流昌到身垣。當有進益。巳卯雙祿。財貴並臨。（大耗化忌入身不寧）。定有一翻新氣象。惟本身有尅制。因日月化忌。流羊又衝。中途生變。

延君甲午四十三歲四月卅日子時生。木三局。天府單守身命垣。考其面相當合對方紫微七煞。有軍官模樣。心地性情亦然。行動不安。蓋地空地刦使然。廿三歲後武貪二奇相聚。至營長職。民十六山西軍來北京。突任財局。又因天府財令之星所致。自稱此職。非所預料。眞奇遇也。惜爲日不久。行申入正刦。巨日化忌死馬。不能屈就。徒自奔馳耳。

此以上各稿內。對於斗數十二宮活用假借等法。均係新發明。而宣洩其中之微妙。曾由考驗得來。如一掌經子平講十二宮者。襲此活用各法。評斷。頗有神秘。其他講十二宮者。若能假借拆用。亦有奇驗。望在此各草稿中搜求之可也。萬勿以批命看之。是借命盤推演直指用法之意。然亦不過作命理草案看。

勘誤表

第幾頁	第幾行	第幾字	誤	正
七	八	十五	不	爲
一五	一	廿五	太	天
一五	三	十六	年	歲
一七	八	廿一	兩句移本頁三行必來下	
二六	七	十三	該	臨
二八	一	三	之下落流不免失敗	
三二	二	一	又有兩句接聯一行	
四六	一	十八	亦無	均是
四八	六	十六	焉	馬
四九	五	三	色下落五味	
四九	六	三一	字	子
五四	九	六	人上落以	
五七	七	廿二	栟	相
六三	六	八	落	五
七一	四	十一	貪	食
七七	一	六	亦	經
九一	二	五	仁下落人	
九七	二	廿六	籍	藉
九七	八	四	守下落身	
一〇四	八	一	瞖	醫

斗數觀測錄序

吾人生於世間。各有所尚。各有所喜。上有好者。下必甚焉。前清時代。對於古道。多所闡發。各種數學。徵求至再。彙成卷軸。以利世人。無奈流通稀少。力不足者。難窺全豹。以致求學無門。至成望洋之歎。改革後。破除迷信。斗數一道。亦無人問津者矣。余習數學多年。雖博覽粗通。無甚精進。而一般自認有得者。常說出許多無根據之話。有時狂言欺人。亦不覺悟。殊深浩歎。今夏忽然了解古人著書立法。其中隱而未發之處。思欲申明之而未能。茲於雷君必變處。談及斯意。蒙雷君檢示所抄。不意十年前與余所見觀雲居士所草成之紫微斗數宣微一書。與此同一手筆。此必其人之稿本也。如何得之。雷君詳述始末。余當告以所聞。此人與世相違。早沒於西郊荒山中。細看內論。多增新法。乃假歸。連夜錄之。因名之曰斗數觀測錄。遂即付印。以便分送朋好。或作原書之一助云耳。是為序。

戊寅仲秋。余作郊西碧雲之遊。徘徊澗石。忽覩蒼松下綠草之旁。有書一卷。拾取翻閱。塗鴉不堪。乃一草稿也。遂擲布袋內。撈歸寓所。被覽之。似是星學理論。並無著者姓字。無法璧還。篇首冠以斗數別錄四字。疑即此書之名稱。內藏四相之法。有天地人命之分。叩請朋好。皆云係飛星紫微斗數命理書中之論說。頗能令人尋味。可以秘之。另繕清本。以俟明達刪定。或可作南針一助。余服其指。公餘錄成一冊。不過消磨時間。以壯書篋。然在抄錄之際。究其所論。於我身心。頗有所得。因係星學。余多未解。亦不敢道。惟有自知而已。特記於後。雷迅氏錄。

原序

雲雨陰晴。天氣之變。富貴利達。人事之變。陰雨既不能久。富貴亦不能常。天道循還。人事剝復。雖然能無觀測之法乎。觀測之道。須於哲理求之。則富富貴貴。雲雲雨雨。均能入妙。又不僅此。豈可不觀測乎。余本欲集成舊日觀測各草。脩訂完善。再貢同道。因急於外出。不暇分類。語無倫次。暫存其眞。自可俟諸異日。詳為潤色。或可入目。世之君子。知我罪我。所不敢知矣。

斗數觀測錄

命理飛星紫微斗數中諸星曜。各有一種自然之心性情。如紫微為土之桃花。破軍為水之桃花。七煞為金之桃花。貪狼為木之桃花。廉貞為火之桃花。而太陽亦為火之桃花。太陰又為水之桃花。能不爭乎人間。泛濫即是桃花。爭強亦是桃花。其餘心性之所好與一切浮華。更不論矣。太陽太陰各顯其光華。其他各星。亦要爭其光輝。決非潛居隱形之流。不問世事。而極欲普照可知。即或神佛僧道亦要混跡在人世上。此形容各星宿之為用也。

天有象。地有形。人是形象俱有。知數者非象則無所寄。以顯其神。而象又非數則無所紀。以彰其教。即象可以知數。得數亦不可忘象。其斷驗處。皆由此生。

墓田為先天。謂之陰宅。住所為後天。謂之陽宅。吾人欲求後世子孫之昌盛。當由墓田之先天陰宅入手整頓。方能達其造化之理。有旋乾轉坤之密。考吾人既生以後。亦列在後天之位。有種種切實考據。與墓田如合符節。可見吾人一切秉賦。又為先天之陰宅所成就而為人。故培植先天。涵養後天。不可緩圖。此要好兒孫之法。人人知要好兒孫。當先覓其法。見了好兒孫他說是祖德坟地風水好。見了不好兒孫。總說兒孫不好。不好之原因。則又不研究。則又不早為打算。是誰之過歟。大凡看陰陽宅。必用向。有廿四向之說。余意無論何向。子午線不能改易。因吾人坐北面南。古今難移。以南北為正向。其餘配向。各有得失。乾南坤北。自然之象。所以相面。又關乎陰陽宅也。比如此人。左觀高。則陰宅左方龍砂之方必高。右觀高。則虎砂之方必高。兩觀高聳。龍虎必然得配。正南有道。懸針現。南低則天庭不滿。北低則地閣陷落。西北窪。左顋下陷。東北窪。右顋下陷。左額角巽巳。右額角坤未。內外飽滿。當然兩角豐隆。定主大發。面薄則地薄。面皮緊則其地亦緊。面善地善。面惡地亦惡。面高則地高。面窪則地窪。面小則地小。面瘦則地瘦。面窪之人。多青黑。因地窪屬水之故。其餘皆有所指。詳考之。自然慧悟也。

面有重痣。陰宅內外局。必有孤坟。一痣一座。二痣二座。亦按卦位。看方向。所以文曲為痣。即知其星之孤暗。臨至亥子。利於林泉。臨至寅卯。又是衆水朝東。盖此星在十二宮中皆以孤暗論。俗云面無善痣。有痣必要用事。便知孤坟之害。每有在坟後或左右葬埋孤坟者。以不離左右之思想。而貽害至於無窮。

研究命理。必要研究相理。相理通。則地理易明矣。若研究地理。不通相法。何以相地。地如人也。能相人。則易相地。人有缺欠。地亦有缺欠。地是肥滿。人亦肥滿。人假地假。人真地真。研究既深。便知其地。已發未發不發。或另選。於斯盡得。

命理亦是相法之一。相天者天文也。相地者地理也。相人者相面也。而看命者卽是相命也。相面者相其骨格易。而相其氣色難。相命可究查其終身。與氣色之變化。遇年運月令日時順境。氣色自然有愉快之象。逆境自然滯暗。故不待發現。卽能早為定出。若研究命理。再參看相法尤妙。

談命者。大非易事。平日考驗工夫。與記憶力。固不必論。惟遇談命時。先具有心理學。而後由原書文理意義發揮。或文話。或白話。

或俗話。或方言。或土語。必要使人明白。或形容。或比擬。或因人而施以適當之批評。所以談命者。極其腦力構造出來。動人聽聞。殊非易事。順乎社會潮流。隨機應變。自不可少。遇外國人。應具有相當言語智識。又是一端。外洋多講究占卜相法。

命盤全部諸星曜。並非如所寫排列一齊。原似天上星辰羅列一般。有遠近。有大小。有尖圓。有高低。有明暗。有連貫。有隔離。參差不齊。錯綜其妙。地理相法亦然。

古語有女子十四歲天癸至之說。(今有十歲上下天癸卽至者。)如女命十四歲。必行其生年之桃花限運。或者身命垣。再遇流年紅鸞天喜咸池。難免發生戀愛。情移性遷。或婚姻主動。喜氣頻來之事。其早為十七。中則十八。晚而十九。(因生日晚或延至十九歲)尤為心性不定之危險期。因發育已達極點之故。出嫁在此時期。最為適宜。萬不可輕擲此時光陰。再查其行運便知。（子平有衝辰之說）惟每遇刼路旬空流羊等星。有被阻隔破壞之虞。紅鸞大耗同宮。行限遇之緊要。或見灾殃患病。或因紅鸞而消耗金錢。亂花嫖妓。賭薄定婚。浪遊外遇。妻妾病亡。醫藥等費。或心性不安等事。又男子十六歲眞精全。男命亦在十七十八。晚則十九歲。十八歲合生年咸池煞。與上參看。亦大多如此。俗云女大十八變。男子亦然。因智識漸開。有一種崛強。心性生變。其他大耗天馬限。何能安靜。因十四十七歲。均行四馬地。不良者易於接近牽扯。古以廿歲為冠。亦係婚姻早定。目的已有。雖然今非昔比。能不經過此時期之浮蕩乎。紅鸞限。老年人不喜。原書所載。在民初袁氏時代。京兆尹王治馨槍決後。又有德勝橋某巷。一老翁七十餘。因行紅鸞桃花限。強姦九歲女。亦被槍決德勝門外校場。所以為凶。可不慎歟。勿謂道深而輕忽。輕敵必敗。亦是至理。二人者所謂九還七返八歸六居。九七皆陽數合成。十六為男。八六皆陰數合成。十四為女。上弦兌數八。下弦艮亦八。兩弦合其精。乾坤乃成。二八又應一觔之數。

人每以陰宅坤方低窪。與放水溝渠坑道。均不在意。余考之坤方低窪放水等事。多主母道不善理家或操勞身弱。或陰險暗昧。甚者死亡續娶。或飄泊不潔。亦是大病。所以失去母道之綱。坤綱不持。與乾綱不振。同等關係。女子浮蕩不靜。亦不為善。坤母不穩。子孫亦易衰微失教。影響所及。自當往意。申酉一方內部低窪。成下坡之勢。女媳兩方。貞潔難操。當詳看局部地勢為要。

小兒生時。按斗數命盤。多在本年白虎衝身命。或白虎前後。或白虎之官。或白虎對方喪門前後。仍按斗君法定之。此在臨產之前預考生時之法。占卜亦可。若得吉宮吉星。可為終身之福。

批命不宜文理太深。字句淺白。最合普通。方是勸世之法。大劫之後。必須經過四五十年。始到文理求深時代。況批命利於普通之人。與不讀書者。非作文章之事可比。點故藻麗。令人炫目。或百思不得一解。卽是批命好手。反失去本眞。而鳴高鬱鬱。無所表見。願與草木同腐者。不知幾何人。

戊寅年七月初四日有在北京燈市口某飯館結婚者。男方係五十二歲續絃。女方係五十歲出閣。考其男命丁亥年生。小運行辰。紅鸞大耗限。現逃出寅卯兩宮之刦路。又運大耗。所以因喜事而花錢。亦是大耗。丁祿在午。流羊破之。女命己丑年生。小運行午。為生年之祿堂。因羊陀相夾。常有擠兌之事。流羊作衝。主動。又破其生年之祿。何能不改絃更張。大耗咸池。擾攘其間。亦難得安靖。（桃花大耗。辨喜事。亦是花錢。）午方旬空。有火空則發之說。此就兩方生年而論。若得其生月日時。則更詳細矣。己卯年流馬至巳。兩方均行雙天馬限。又是勞動生變。雙陀相遇。其馬折足矣。往返不安之象。以不見危險為福。一方桃花大耗。一方紅鸞大耗。僧道遇此限運。尤當慎防動搖。以免有失。

廉貞為次桃花。主好說。好學道。尚於談論。不願服人。心性狹小好變。為電火。為廟宇佛堂佛像狐仙道家之屬。（廉貞又主數目較多。又如狐身之毛。其他不言而喻。）無論佛耶。皆主好道。又好聽人講道理。巨門為口舌是非之宿。咀念叨念。又如機器之有聲也。化氣曰暗。如看香巫醫之流與地方。狐仙財神樓等。則在其中矣。羊刃似廉貞。亦狐仙之類。而廉貞與貪狼。又如狐仙轉世。凡守男命者。直以前生為仙家斷之亦無不可。武曲七煞同宮。武曲天相同宮。為廟宇。廉貞七煞同宮為廟宇。火星亦是廟宇。

按原斗數書。羊刃主武職。如朱子橋將軍甲戌正月廿三日卯時生。以文職掌兵權。即官祿宮羊刃也。惟不耐久。因四十歲後行官祿宮。羊刃為用之故。其後飄泊。即巳亥同梁身命互守也。天同天機宜武宜道。成慈善家之美名。羊刃在官祿位到處乞求與募化無異。五十歲後行辰。祿權科三奇相會。紫相左右為助。譽滿中西者。蓋以此歟。

戊寅七月。有由某處寄來自批命理一冊。將命盤上所佈劣星。用法律心理。摘取原斗數書中文句。均行滌洗乾淨。而吉貴之宿。亦摘取原文。補其不足。可說錦上添花。令答復。當一一解釋。註其原冊。按研究命理。批判重於斷驗。考查其中滋味。而闡發之。以告人。可補教育之不足。與法律辯論不同。此斗數是天數。是定數。非由吾人之心理便可改易。如用法律可能辯護其無罪。而得逃脫。天刑為司法。原書云三不了兮號天刑。為僧為道是孤身等句。天刑主刑。掌刑法。法官戒師將帥。皆是掌生殺之權。法官所穿服制。所戴禮帽。均係僧衣僧帽之式。寓意於慈。法律由戒律而來。有懲罰教導。令其改惡向善之義。所以法官為僧爲道。巨門為是非之宿。在是非之門服務。如法院警察局看守所律師之屬。巨門化氣曰暗。暗字地府監牢也。有黑暗不明之意。所以有為人一生不入公門。清福最高之說。古代之下廷尉。亦頗可慚。早年之衙門。皆是黑漆之門。鐵鎖鐵窻黑衣。現獄卒仍用黑色服制。故巨暗入官祿宮。或身命垣。有如此之事實。呂祖純陽官祿巨門。世稱法官。亦似之。八字丙子癸巳辛巳癸巳。相傳四月十四日誕。天同守身垣宜於道家。又合巨門。而太陽居子守命。有自然之特性。亦宜於道。尚於動者也。性剛好氣。或好管不平之事。或以此與。巨門天同同宮該方有地丘浮厝之柩地亦低陷又主井泉見有爭嘴。陰陽兩宅內外局各方面。流年所到凶煞。當見不吉之事。或詞訟傷財死亡離散刑尅移動疾病分家罷職等類。而流年所到吉星之方。亦必見喜慶之事。再參看命盤諸曜考之。如陰陽兩宅。四鄰之方無住戶人家者。卽以該方面地主論斷。並不計其住於何處。亦必見諸事實。或土地之變動。挖坑出賣。取土鋸樹爭端鑿井。安塋起靈。栽樹栽電桿拆墻等類。皆屬變化之意。

白虎行於申酉用事。喪門行於寅卯用事。弔客行於巳午用事。歲破之方主破財破敗拆毀等事。弔客之方。每有欲懸標投河等事。白虎之方有筋骨疼痛癲瘓灾殃等事。其餘太陰太陽有動。飄浮有爭持。大耗流羊多死亡破財患病塌墻毀物不安。祿仔方。見財祿。見擠兌。遇天馬有外出之人。陀羅之方。有傷殘起土等事。紅鸞天喜之方。有喜慶嫁娶等事。流羊之方與對方。亦多急急作變化。如本人命盤中。所行大運正旺。該方之鄰居。亦主旺相。本人大運不佳。則該方必見衰微。小運亦然。雖為我之命盤。我之限運。該方亦有響應。有隔墻見針之密。可見天地自然之理。人力實難勝過也。咸池水即是桃花煞。咸池為古樂名。因女命盤上忌桃花二字。故變作咸池。利於觀瞻。遇半通不通之人。反生疑惑。徒自饒舌。桃花二字。普通人又多認識。不得不避免耳。命盤上桃花之方。應有姑娘一二不等。有已嫁未嫁之分。看命者臨時變通可也。（有大運過宮。則出閣。大運未至宮。尚未出閣之意）小限臨之亦須出閣。或繼續有。大耗與紅鸞天喜同宮。或佔多數。因女多而耗家資破產。如全出閣。與不全出閣。家業亦凋零矣太陽天梁居卯。其東方有大地一塊。或院落。遇山以山坡地段。公產官產私產不一。有被他人佔去一隅之意。時常複雜有爭。租借不等。如臨官祿田宅等宮。可見為公家之事。非我所有。就如給主婦所辦。或給人家所辦。或作他人名義。或租賃暫借不過有私人或自己佔去一部分而已。又該方太陽天梁有爭持口舌口角之意。因丑方巨同之故。或夫妻有爭尅生離死別。時見口角。或婆媳爭鬥不和。或母女拌嘴等等不一。或因公產而皆欲購買。覬覦之事。在所難免。所斗太陽天梁有浮動之象。

劉治虞針科大夫。宣化人。庚子三十八歲。三月十四日子時生。太陽守身命垣在辰。得上代之餘蔭。自幼經商。中年兼習醫道。小限行亥。遇天魁天馬。與對方之祿。今春來平。就同德施診處醫士職。十二月行地刦地空。主坎坷。失事。據云家鄉生意。有關閉搗亂情形。盖流羊衝其田宅。化忌分其財帛。曾詢及四鄰。頗吻合故識之。正東有廟宇二。其一為武曲七煞。其一為火星。寅方有王姓。曾到俄國。歸來納一妾。同梁化忌主飄泊在外。天梁又遇天馬。火星天馬為戰馬。化忌多事也。納妾不順也。往後推到巨門。即主妻妾宮有爭。故納妾。正南紫破為暴發戶。定有意外之財。據云曾於庚子年拳匪之亂。得其財帛。而突發。計來已有卅八年之久。查大耗破軍。誠恐自今年以後。漸漸敗落。（拳匪亦破耗之事體。）再考其曾祖父之宮。（以田宅宮作曾祖一代看）卽紫破也。在關東作帽行生意。本地稱帽劉。所以主發戶之一代。所謂發財於遠郡。百般手藝總能精。而劉君近年家破分離。蓋行運到此宮。破耗陀羅為患之故。而該方發戶。亦要破敗。如影隨形。正西祿存主孤。人丁無多。問之果然。西北廉貪等星。該方之人。心性嚴厲。不喜吃虧。現家計艱難。問之。卽該住房之房東現住西北角者。曾將此房出租數家也。正北巨門之家。每日飲酒。醉後爭嘴不安。刻已破欺不堪矣。情形亦最壞。又正西平常。亦主衝尅孤寒。因羊刃咸池也。明年小限巨門。三煞弔客。對方羊刃化忌。諸多不祥。惟流馬到官祿宮。與祿存相配。則祿馬交馳矣。流陀尅身命垣。白虎喪門到。流羊衝福德，文昌遇歲破，雖見文書之喜，亦是破財之事，紅鸞天喜天魁天鉞合田宅，眷屬來都，亦必有之事，稱奇遇也，（家鄉不安之故必來，）如某僧人壬午五月廿四日未時生，紫破在未，該方有住戶，因庚子拳匪亂，得到所擲銀洋數箱，而突橫發，此造大運行丑，卽遇庚子，紫破有橫發之意，行寅該方漸入衰微。行卯破敗己極。可見過則必敗。若無破軍。則不能橫發。有破軍又如湯澆雪。比如他人破而我得之。卽得之以後。亦必要破。天演公理。於此可見。若純粹紫府雙祿左右為輔。決不至如此。（田宅陀羅已起靈。另葬新建墓田）。丁丑流羊入田宅。白虎到酉。其家中將西房退租。而劉君又來京。皆是衝動生變。己卯年不吉。查未方紫破行運發展者甚多。丑方較次。廠肆戴月軒筆莊經理。廉貪守命在亥。幼年孤苦。來京學徒。行西天府。合官祿武煞。即能自創經營得利。至未紫破大發。亦以造筆手藝而致富。生時為午。戊寅年又七月初五日。遇閏月則以下月推演。原書所載。占卜亦仿其法。此造紫貪守身命垣。即其物質。紫者內部之色物也。貪者銀灰色。有進取急趨不停之意。可謂飄蓬之客性剛成猛。深謀遠慮。迷波逐浪。愛憎難定。遇凶則主虛浮。合大耗便稱多數。散漫無際。飄飄若仙。還望頗似十八學士登瀛洲。令人想向。紫貪本屬狐仙。盖其心性亦如狐附有桃花。書云桃花犯主為至淫。紫微為主。在卯自東而西行也。紫貪相遇。主邪淫。而心性不常。難以久處淫者貪也過也。其貪如狼。其心如蠹。其性如狐。其勢如蟹。又如風如浪。如鶴如舟。接踵而至近視如萬馬奔騰之狀。又不知向何處猖獗。大耗武破廉煞來合。決非安靖之象。相貌巨陀。其聲震耳鼓可知。時臨午方。羊刃急急如律令。已在衝動時間。太傷天梁怒形於色。其來之不善又可知也。而其身命。開占來所未有。胡為乎降生於此時代尤能海走天涯。蓋亦奇矣。孰不謂其為飛仙也耶。

如問妻之父母宮。卽岳父岳母也。則以兄弟宮看。其行大運亦借此推之兼以兄弟官為岳父宮。而以子女宮為岳母宮看。以福德作岳家之田宅宮看。有無田產等等至於妻妾亦按次逆推位數。子女宮以第一位為本宮。第二位是財宮帛。第三位是疾危宮。第四位是遷移宮。按次逆推。遇見羊刃或破耗之宮。主剋傷。或遠出別離等情。祿存陀羅之宮多爭強。亦多孤尅。其他只看該宮强弱論斷。強宮則子女爭強。弱宮則子女安穩。其他仍以星曜之心性善惡論斷。並隔一宮。卽為該子女妻與婿宮看。叔伯以父母宮之對宮看，位數亦逆推。每位佔一宮。以上所定各宮。互相照應。考驗日久。自然有得。此中玄妙。筆難盡述。只在有心人推測耳。

無論吉凶星曜。皆有聲有色。有形勢。亦無論其旺弱。皆能自鳴。而驅使於吾人。星曜相和。一帆風順。星曜相背。人離財散。優劣均是有聲有色。同宮星曜。如一家之過活。全盤星曜如之。佳運時其星曜改行率德。而心手相應。蹇運時錐刀不讓。或袖手旁觀。邪念一生。星曜為之動容。所以吾人一生與終日廿四小時。應付此十二宮諸星曜亦大費氣力。若能減輕此種應付。則無量清福。

鼻歪臉偏額陷顴低。與等等殘傷。及失去美觀之點。皆是坟地原因。必是其地歪偏低陷缺欠不完。有以致之也。瘦長身材之人。其地亦瘦長。人寬大其地亦寬大。坟地小。人亦小。地中等。人亦中等。地枯乾人亦枯乾。比如兄弟三人其地左方微高長子微胖由中往右漸低二子則瘦三子更瘦并消財飄蕩嗜好。為長次之累。長子眉彎而稍短。次子彎而梢長。三子彎與眼角齊不長不短。所謂兩眉彎彎兄弟二三。長子彎而短寒有弟難靠不得力也。次門有倚靠。三子不靠而靠消其兩兄之財。可以令知其自已坟地情形者當面考查之。坟地南方之照。殘破不整。或低窪。天庭不滿。破軍在午天庭平低故出外。兩角低陷。父母有尅。少年坎坷。何能言福房屋與尖瘦之照。兩角突高。或頭尖。坟地北方低窪。何能言壽。或兩顋無肉。脣薄。口亦生非。坟地東西低窪不平。何能論及權祿。至於分左右。須於相學求之。分何支派。須向地理家求之。所以命稱各方星曜形勢。與行運之好壞。及其他一切。深心者一看便知。丙火多主文明。而火不善理財。癸水多主飄浮。

不善積財。丙祿在巳。癸祿在子。兩祿臨於截路之內。便有截制之虞。如有亦失。況巳祿不久。子祿居水。如水之就下順流而東。亦難久遠保持。官祿單見祿存。宜於道門。其他亦深難得意也。即或不單守。在官途上。亦大受擠兌。究不及臨於財宮。如臨命垣。則主孤尅。父母宮必遇羊刃。則父母被衝尅。而無情。兄弟宮則遇陀羅。必是尅傷。亦多無情。所以祿存孤癖慳吝。若無其他星曜。可謂孤而且獨矣。星宿落陷。多好爭強鬧事。奔走不寧。因其處於非安全地帶。故多不平。自恨不如也。未免牢騷。或怨天尤人。廟旺星宿多有居尊處優。甚至傲睨一切。其權祿多不求人。常然與落陷者不同。落陷者之苦況。自不及入廟之樂境。每每廟旺之星曜。反能退讓落陷之星曜。以表明其寬厚。或因其強暴無禮。亦不與之爭。亦不願與之爭。此即世間容納忍受之理。原書所說星曜有君子小人之別。於斯可見一班。豁達者頗能穿透。具有涵養性。亦能看得開。放得下。雖經驗深者。亦難免與之對抗。較量短長也。命運行至廟旺之星。顯然得意。有一種氣焰薰人之勢。其誰使之。而不知也。命運行至陷落之星。顯然不利。有一種悲哀不悅之狀。其誰使之。而不知也。俗言好壞皆是神差鬼使。而不知星曜之氣力使然。所以星曜支配吾人。能曲盡其妙。吾人不察。被其驅使。若不覺悟。豈不可惜妄生今世。徒自任其播弄耳。星曜之氣力。即天地對於造物所分配之陰陽二氣也。而能假手諸星曜。以操縱於吾人亦奇矣。俗言氣絕身死可見身死則無氣氣絕於身而不絕於天地。命盤看法。容有論之於前。當有未盡者。比如有人要問。看外孫子孫女如何。原斗數未載。無所適從。茲由考驗得來。關乎外孫子孫女一切。即由遷移宮。與對照之命垣。仍用三合之法判定。或得其大概之義理。

斗數係命理之作。故先布出身命垣。其他如太乙奇門六壬演禽等。對於安身立命。皆有深刻之論斷。按斗數講身命。是該書固定之法。今以此法用諸占課。亦是創作。而其他一切對于占課身命顯然布明。一望可知。斷事較易。惟此斗數如看。陰宅或陽宅。即推演一課。不但身命可得。各方吉凶亦瞭如指掌。所以一物一事。均有身命。不必如他書分主客。而尋用神。如推演一課。此課即是該事該物該地該人。全部局勢。合盤托出。事實俱在。不必問其主於客也。他法有時用神失當。主客難分。無從捉摸。斷事亦有合混之虞。至今仍有不决之點。比如有二人成詞起訴。雙方皆有理由。將來何方勝訴。何方敗訴。

是否現在了解。或正在極端。抑在預備期間。而占者為旁觀。並非替人占卜。取何用神。是一疑義。用何法可以解決此懷疑之點。又此如三個同等人相爭。能知誰佔優勝。又所謂未出隴畝。可以逆料其三分天下。其結果如何常用何法方能知之。亦是疑點。

各吉凶星曜。有以年布之。以月布之。以日布之。以時布之之分。日上布紫微。亦以日為重要。臨於何宮。亦大有關係。如原書云有紫微臨於四陷宮。作事多成多敗。終身奔走之說。而辰戌又是陷宮。所謂卯酉線。現在正旺。不知旺到極點。正是凶殺爭戰死亡大劫之時。子午線極旺之時。亦然。故用向宜避之。巳午未三方。每旬丙丁流祿後。又加戊己兩年。羊陀迭見。巳午為緊。其他不過兩年即過。如庚辛在申酉。壬癸在庚子。甲乙在寅卯之類。故子午多不用。而壬丙又有急進爭強之象。（急欲發展每多用之）不如丑未癸丁為貴人門。比較妥當亦久遠。按命盤論。身命垣安巳午者。有得祿存之利。亦有被其害者。惟巳午之祿多不悠久。不及甲庚壬也。丙癸之祿落於刼路。得亦有。失辛乙祿又弱。然亦必須要就全於命運。祿存守身命垣多氣極好哭。似婦女。因肝木酸。及於胃酸。普通所謂心酸也。

陽貴為男為剛。有崛強之象。陰貴為女為柔。有傲慢之象。陽貴臨于夜間。用其反背。更要爭強。陰貴臨于晝間。雖性柔亦要掙扎。因其孤寒。自可以弱論。陽貴利於外。陰貴利於內。若問外局之事成否。宜於陽貴。內局之事成否。宜於陰貴。陰貴尚文明安逸。不能經武奔馳。只可處尊為貴。力量薄弱。非依於人不可。無大慷慨淋漓之象。見剛卽變。盖因其有作他人之婦。能否貞潔。是一問題。如地理書穿透真傳所載。用丁酉日提貴人峯作貴人。又取年亥月亥。加臨酉砂上。異日發貴速且多。但女貴先發。因其為陰貴之故。年月陽貢為遠為後在夜方之意。如各奇門書上所云。均不一致。有白天用陽貴。夜內用陰貴。又陰逆陽順。等等説法。此神經過敏。能否發生何等效果而不知也。至女先發之説。自然是出閣發男家也。非是發自家之婦人也。所謂陰陽之貴。不過利其有點陰謀來助我而已。是我之貴人。未必不是別人之小人。是我之小人。未必不是別入之貴人。貴人亦作君子看。原書所謂君子命中亦有小人。小人命中亦有君子。此理要明白。從來能走動内眷者。深得數學之奧。未必得數學之奧。是得此世態之秘。即或女子命中得到陽貴。陰陽鬥勝。尤喜其他男子贊揚歡迎。而自立有一派權勢。將來築成大錯。非所逆料。雖深心頭慮。如漢呂后武則天之不免失敗而陰貴不過妲己褒姒楊貴妃之類。吾人對此當要詳察。其心性與情形也。

來時為癸酉。乃戊寅年又七月十六日甲辰。自夜半陰雲密布欲雨。早晨卯時為甲之刃。突起風變。忽狂風大作。天氣驟寒。巳時雲施。而風不息。因占之。天同太陰守命垣在子。當有陰雨之象。對方羊刃守身。即為風作衝。則變為風。又係有聲之星也。交酉時。而風仍未全息。乙巳丑時末大風。卯初卽止。其後仍未盡息。日元甲木為風。辰酉合。金又當令。十五日白露節。交八月辛酉。不意金風大至。往年在白露前後有風約半日許。此兩日巨風。非尋常也。比如在漢代末時。有某雄威將軍。董卓所封効命北魏。其後被陷。乃遁去。大統歸晋。一般聲烈多死亡。復大露頭角。誇耀人前。稱元老將軍焉。所以運之不佳。雖李廣亦難封。而人之命運。頗似起伏。如地理然。無起則無伏。無伏則無起。起之地點。以高臨下。當然騰達。名震一時。至伏處一落千丈。故坟地宜於高阜。不喜低窪。一發之後。卽另選新地。不至生出後代子孫如伏下之勢也。祿馬山之左有山峰。每以爲貴人峰看。不知是羊刃也。雖暴發一時。過則有敗。況羊刃山宜於武職。若文兼武。亦不久。或半文半武之事。而羊刃亦主山道。子午卯酉四正上。不論何向。有來水。有小水溝。即主桃花耗財棄家逃亡外遇等情事。對何支而何支必被其害。而他門亦受其累。比如坐癸向。而午方有小水溝一道向塋地來流。則五門先到。次門後至較輕。對於向水為財之說。宜慎之。若破軍大水向之。先破後成再破。如因現在貧寒。極欲發展。不得已而用之。恐將來仍有破。況破軍宜出外方發。

如某人之命盤。天梁居午為子女宮。有一女出閣。現病纏。有一子不過一周。內熱風疾。存否未知。考其坟塋。坐北向南。道之迤南。地內有孤坟一座。墓亦最小。蓋即天梁土也。可見天梁之土。孤苦飄零。原書云化蔭為壽。尚有缺欠不足之處。按土地或坟墓其勢小。其形孤苦。有點福氣能持重。文藝聰明。好道。與羊刃同宮。飄泊不堪。故遇天馬飄蕩無疑。又書云天梁遇馬女命賤而且淫。身命皆然。天梁之土。如道途上之土。若馬蹄經過。土即浮起。故如是。按坟墓論。有浮厝不安。孤舌飄零之意。論人論物。亦本此旨推測。

戊寅年大耗臨酉。若住西房酉字上。當見虛花破敗遷移不寧等事。甚者死亡刑傷架走。而西鄰亦如此意。因丁丑年白虎到酉。未發現者。而戊寅又遇此煞。故不吉。己卯臨申。戊寅見歲破。而接連又遇大耗

○庚辰羊陀夾申酉方又遇羊刃衝動刑尅○其他凶纏○分布各宮○尤當早為推出預防○以免危機叢生○丙子刃在午○子年太歲歲破○丁祿耗咸在午○戊刃又在午○故午方凶○

紅鸞大耗同宮○雖有正星○亦難鎮攝○如某人戊戌年四月十八日卯時生○行巳紅鸞大耗○將全部家眷接在北京居住○消耗巨資○又如庚戌年十月二十二日卯時○小運行巳○奔走繁華○而定婚結婚○又如癸巳年五月初二日亥時生○大運行辰○合田宅紅喜廉耗○家中生女七人○學費脂粉費○所耗巨萬○又有兩處眷屬○復在外戀愛○又如丙戌年正月十七日卯時生○按命前起大運○現行巳方○紅喜大耗因次妻吸烟外遇不良請離○復訂婚結褵○生兒彌月○所費頗鉅○又如某僧人戊戌年八月二十一日未時生○大運行巳紅耗之限○有破鏡重圓之慶○所需甚

巨。而名譽大減。此等命運。雖僧道亦難免。

又有因妻女病纏死亡而消財。亦是紅耗之類。如吳先生八字辛巳庚子辛丑戊子。光緒七年十一月十三日子時生。大運行戌。紅鸞大耗。元配病故。而廉貞化忌羊鈴。亦主尅妻續室。以酉方看。祿存博士對方大陽化權。故主財權。而夫人八字甲午甲戌丁酉甲辰。乃九月二十四日辰時生。大陽祿存博士守身垣入財宮。故主財權。因化忌本身與財帛有波折不順多分布之事。命垣文昌。而吳先生妻宮。亦有文昌與化忌。所以化忌人夫主妻妾宮。當有種種別論。而此夫主宮遇機梁則相爭矣。當有尅制一方效驗。蓋天梁為已故之元配。而吳光生屬於天機。不然亦屬於廉破祿權也。又紫微七煞爲兄弟宮。三方貪破。而吳先生貪紫合身命垣。則又為兄弟矣。命盤上每每如此。又此妻妾宮最為複雜。情形可知。又吳先生大運行酉。除損失財物兩種而消耗不計外。尚能聚有二十萬之譜。若論財宮為破軍。橫發橫破。而夫人財宮。巨門化忌。亦作破論。田宅又是廉破在酉。不過祿權為用耳。某男命辛酉十八歲十一月十九日子時生。妻妾宮羊刃主衝離。破軍亦尅。文昌化忌能不多事。八字為辛酉庚子甲寅甲子。按甲寅坐祿遇比。即主孤尅。往下推為乙卯羊刃咸池。所以主孤尅衡離。再推丙辰。若次妻以酉宮論。則辛祿在酉。或為坐下之祿也。書云木虎定居孀。因女尅夫。若再嫁又當別論。再看其第二夫宮如何。不再娶。又何嘗不居孀。其他如在外日多。在家日少。亦是衝離。朱君之命造。辛亥二十八歲四月二十七日巳時生。身垣臨於妻宮。羊刃在戍。則元配之妻病故。是破軍。現在之所續。乃羊刃之像貌與身材也。辛祿在酉。次妻主財權。其續室是辛亥二十人歲十二月初一日巳時生。以子女作夫主宮看亦合。此係先嫁一女後嫁一男之意思。日月合身命垣。並見巨門。按朱君命宮以酉宮為次妻看。合巨門日月。可見婚姻之定數。有自然構造之妙。並非勉強可能作到。再兩個用日元干支往下推演。亦可引證。此女命身命垣無正曜守。自幼多在姨家過活。所謂命無正曜二姓延生之意。

紫破在未。有用丁山癸向。或兼未丑者。以天相會水。作為水庫。如溫泉米振泉之坟地。因南山坡地。用此向法。其造命辛亥二十八歲七月二十日未時生。又如南安河張殿卿之新塋。亦用此向法。亦是南山高阜地。其造命。己丑五十歲十一月初八日戌時生。西方外高。即天府也。太陰由山上下來之水溝。地亦漸低。忽路亦水溝也。廉貪尤低。其東太陽有高坨。武煞主高處。得左右龍虎相輔。而同梁方。水皆東流。此地最多不過用三世。據云為當地先生所看。與斗數看地法。如合符節。

又張殿卿現兩男兩女。按子女宮廉貞為女。往上推戌宮為身垣。太陰為女。因寡宿而早亡。酉宮爲第三是男。中宮第四是男。未宮第五是女。因羊刃衝尅。有外嫁之舉。按子平法。日元庚戌。時為丙戌。往下推丁亥戊子己丑庚寅辛卯。共計五人。第二戊子女早亡。第六位是壬辰。與日元對衝則無矣。再由該宮假以三合臨照。詳考便知其何子女強弱。（其父田宅宮又作其父地宮看即張君之官祿宮。所挖出石塊甚多土色枯乾即大耗天機也）。又田宅宮為陀羅。陰陽兩宅俱變動。陀羅主坟地另立起靈之事。陀羅又作石砂石塊看。該新塋係山地。挖出石塊甚多。可証明起出石塊。並証明起靈之意。陀羅乃傷殘之象。靈柩非如新之完整。柩身粘連泥土。色亦變。故如傷殘不完舊物之狀。丙子年小運行午。其父故。母早亡。

通俗上生育小孩。不論何方面房屋。若臨盆之時。向太歲方生養。謂之衝大太歲。主父母被尅。或所生之子女被刑。月太歲為小太歲。中太歲為五黃。亦然。不吉之方均宜避之。

祖先生光緒庚子年三月初十日辰時生。第七子女宮。在卯為紫貪。在戊寅年又七月初十日酉時生男一。貪狼守命紫微守身。紫貪互合與其父命盤相合。惜羊刃作衝身命垣。生時臨於天機化忌祿存宮。故不順利。

戊寅年七月廿二日未時生。命垣在丑。身垣在卯。按廉貞七煞主武職。金火之屬。坐貴向貴。高尚之命無疑。三方來合。自然爭強。惟落刦空之內。難免勞碌奔波。而金山玉海。如在目前。廉貞七煞多好道。命落刦路主出家。又有半天折翅之說。雖不折翅。亦當有迂回低降之勢。或忽起忽落之意。文昌金守身垣。主文藝。機務屬。合紫貪。當然尚於進取。有蹤橫孤高之象。而大耗又不安靜。天空為空中表現。謂之空氣亦可。按文昌天空論。不至甚於急暴。有悠悠之意。文曲天相天鉞來合。亦主文書與輔助之事。而大耗紫貪。亦是翱翔於天際。令人望之欲登。又一命戊寅年七月廿八日巳時。與此參看亦有飛昇之能事。所謂神乎其技矣。戊寅庚申己卯壬申。卽七月廿日申時。金四局。命子身辰。對宮紫微來合。按貪狼居子。散漫浮動。泛濫任其縱橫之象。又有挾仙遨遊之勢。並能進步貪取。所謂妙乎其為物也。

流年作衝。正是動象。附帶文曲。卽文書也。七煞守身垣金物屬。陀羅亦金石屬。雖主性情剛強。其體質上。定有殘傷之處。右弼是水。化科為文科。機務屬。來時臨於巨門大魁紅鸞之宮。必因人家是非之事。有以撮商而交談也。

郭哲臣順義縣人。甲申五十五歲五月十三未時生。紫微七煞守命垣在亥。廿歲後卽入行伍。三十歲後曾任營長職。至四川廣西等省。正大運行寅方之時。因祿馬之故。遠處為貴。其曾祖屬於此宮。任漢中遊擊署鎮台。其後故於任上。卯方大運。剝雜不純。在鄉里好管是非。雖傳習武術。多不持久。官祿宮羊刃主武職。而羊刃多變動。亦生平之所遇而不久合也。田宅祿馬。何能安跡家中。若居家則被妻擠兌。再祿馬之方住戶。有在外經營之人。與此相應。而卯方住戶。則破敗複雜矣。問之果然戊寅年七月二十四日巳時生。八字戊寅庚申癸未丁巳。紫微如雲之高。破軍守身垣合天相。有乘風破浪之勢。書云紫微愧遇破軍。淫奔大行。羊火鈴馬等宿。夾其對方。亦似夾身垣。能不急轉直動。飛騰雲霧間。因刦路如雲之意。天府天刑合武煞。金屬類。乃剛強物。有使命之具。大耗天空咸池。非寧靜者。或是飛將軍也。是日陰雲反復。只聞其聲。不見其形。破軍臨身。或微被雨洗。某女命丁巳二十二歲九月二十二日丑時生。文昌天姚守命垣在酉。武破鈴馬守身垣在亥。女命骨髓賦云。文昌文曲福不全。此二星宜男不宜女。又歌云嫌卯酉。火生人不利。附有天姚。不問不知。對方紫貪來合。謂之桃花犯主為至淫。交十五歲大運行戌。天同地空紅耗。風流一時。所遇非良。致遭鑿喪。對方巨忌火星。能無波折爭持。身垣巳亥兩宮。更不論矣。戌方為相貌父母宮。又是身命垣相夾。至於將來。不言而喻。今年大小運均在地綱白虎之方。地空主失事。天同隨波逐浪。紅鸞大耗雙遇。尤宜見喜。若不急動。必生危險。況命垣流耗。卯方流年咸池。丑未流年紅喜。全部搖動。何能安靜一刻。生來之命造因結果。為之奈何。七月間果遠出。八字丁與壬合。地支又合使然。坐下羊刃。夫主宮亦是羊刃。而廉貞七煞更深一層。田宅廉貪化忌大運又遇丁卯。凡與年干作合。當有同情之論。其生母四十六歲九月十八日寅時。八字為癸巳壬戌丁酉壬寅又是丁壬上下俱合。文昌守命垣在申。雖紫微相夾而福德宮紅耗作祟。巨門又守身垣合天機文曲咸池能無破蕩乎。當深求坐下貴人。與長生成敗之點。如遇他人亦常詳查勿為所欺得到一種成分為妙。

某醫士赴津診小兒病。去後占之。戊寅年七月廿日酉時。土五局。命亥身巳。紫微七煞守身垣。羊陀相夾。七月在亥衝巳。廿日在午。流羊衝辰。酉時在卯。咸池合大耗。又是太陽宮。誠恐已運難以救藥矣。不過虛耗一蹚。其後歸問之果然。

陰年女命。辛丑卅七歲三月十一日丑時生。木三局。八字為辛丑壬辰丁丑辛丑。巨門天機守命垣在卯。書云巨門爲天機破蕩。美有雙祿。身命合昌曲。書云文昌文曲福不全。又有三合昌曲之意。曾於丙寅年出閣。為第四續室。丁丑年患下寒水瀉之疾。萬分危險。已成不治之症。身命夾紫相火星陷宮。天梁合天馬。又是福德宮。離京至津。可謂飄泊。又有女命賤而且淫之說。化科主文科文藝之事。頗能挑花以度生活。此丁與壬合。在月提上。

母在子多能創事立業。父在女多出嫁婿家爭強。祝母壽者多。祝父壽者少。若父母雙全。子女揚名聲顯父母者尤少。由此可見陰陽錯綜之理。一看坟地便知。故塋地關乎六親。至明且詳。萬勿忽之。

問電影片能否映演。戊寅年正月十一日戌時。干支為戊寅甲寅癸酉壬戌。命垣辰宮。身垣子宮。廉貞火為次桃花。如電氣。如電火。有光華燦爛之象。若云電影之屬亦可矣。謂之桃花。孰曰不宜。天相水似電光。為水之流動而聚集。又有轉折和合溫柔之意。破軍水如電影所映之事體。與一切情形。有破爛之局面。五光十色。無不備具。羊刃多衝多變。一幕復一幕。與內中各穿插。羊刃又如同所射出一縷一縷之光線。好似一條一條之白刃然。官祿宮紫府。得高貴之人主持。定能允許准演也。十一日午時至申時一變。酉時遇貴。小人力薄。亦順乎高人矣。戌時完全可定局。十二日下午二時半能演。按其聲稱各方均接洽妥當。只警局尚未許可。現各公使與之調解。或得到圓滿。（公使卽高貴人爲紫府也）將有傷國體與俗且討厭者。裁去若干丈。（卽是羊刃衝斷其身破損其體之意。又羊刃為衝破轉變之象）命垣陀羅。亦是傷殘之象。武貪為財。又有流化祿。財祿可得。惟廉貞天相入財宮。當見消耗。大歲衝動紫府貴人爲吉。又遇流昌流馬。當有文書之進益。破軍水其幕似水。為水之破面而來。又為水面一片。無論晝夜。皆能照人。有形有影。按破軍本主鏡子。因有玻璃與所鋪之水銀。故其幕為鏡。謂之銀幕。頗待其當。而羊刃為聲。亦係有聲電影也。羊刃又為機務屬道途等類。

問電影院月令。戊寅甲寅癸酉庚申。卽正月十一日申時。命廉貞爲次桃花。孤剋事繁。天相又為多管之宿。武曲孤高之象。樓房也。對方貪狼電影場也。昌曲破軍乃影片之屬。貪狼化氣為桃花。亦主影片。有散漫之象。廉貞又爲電光之意。今占流羊衝其命。白虎壓其身。合陀羅喪門。而火鈴相夾。當走極端。而生變化。再看田宅天同有流動氣分之事。大耗破碎荒耗不安。爲破敗不吉之象。正二月旺中有剛易折。三月衝變。破軍如電影。又主先破後或之意。果於二月租出歸他人經營矣。

天有陰陽。地有剛柔。人有仁義。與氣血。陽是圓。陰是方。剛是方。柔是圓。仁圓義方。氣圓血方。若能方圓並用。卽是剛柔相濟。折中之法。事體曲直。亦是方圓。慈嚴並用。亦是方圓。道家所煉亦是此兩個形勢。嬰兒姹女龍虎陰陽。水火旣濟。坎離交媾。並非一個陽。天圓地方。不言而喻。道家為陰為方。佛家為陽為圓。却陰而至純陽。是道家所希望。卻陽而至極陰。又是佛家所希望。其實兩家均不能退去陰陽。道家外陽而內陰。佛家外陰而內陽。人道陰陽並用。故二者不能須臾離也。從古如斯。何有先後。不過在名與少之分。有高必有低。有凸必有凹。有起必有伏。天主動為陽。地主靜為陰。天地閉闢。陰陽二氣。同時而出。天地亦是陰陽造成。天有陰陽。地亦有陰陽。非是陰自陰。陽自陽。而陰中亦有陽。陽中亦有陰。非是單獨的。就是單獨。亦有包藏而未宣也。故不知。以自誤。

比如到法院辯曲直。即是道家工夫。又如到法院要作逛公園思想。便易修道。人要處在逆境。作順境看。處在順境要作逆境看。則不至於太方。而歸於圓通矣。合乎中庸之道。亦是長久之道。不論男性女性朋友均是兩個形勢接觸。至於一物與設想均是如此。世間一切不過兩個形勢的關係。若能將兩個形勢成為一團。卽是名教中之眞工夫。又不僅儒釋道為然。比如小兒在胎包內是圓形。出胎包後。四肢俱伸。則方形矣。又是外圓內方。頭圓腳方氣圓血方。又必須方圓並用。始能為人。所謂慈悲感應忠恕。皆是方圓並用之名詞。比如才幹二字。才是圓。幹是方。有才無幹。不得謂之才幹。有幹無才。亦不得謂之才幹。有才有幹。卽是有圓有方。故謂之才幹。便是方圓並用之道。又如理治君子。法治小人之說。理是圓。法是方。其實圓理之中又用方。方法之中又用圓。便得其當然之道矣。故方圓又不能純用一面。而天理國法與人情。其實方中之圓。圓中有方。執事者又當審慎周詳。認明其方圓之道。以不至入於迷途與盲從為要。以上各種哲理。難以畢述。慧心者當有超悟。相書云腿小膝尖下賤身之句。陰宅北邊與龍虎方必低陷。又男面似女定家破之句。必是陰宅該方有低陷。而生此人。面皮緊。面皮急。必是其陰宅地皮緊。水法急。或低處而水急下之故。牙齒不好。水法壞。水口亦不佳。與好說是非。有同等關係。墓後低窪雖是胖子而焉能有臀。山地水緊勢急。橫發橫破。兩宅皆然。黑子是孤墳。犯何吉凶。當看相書。

癸亥己未壬午辛亥。同治二年六月初七日生。此顧瑞年輯甫老先生八字。生於保陽。寄居濟南。破軍守命垣在申。紫微守身垣在午。破軍宜出外。故遠處為貴。山左稱三老之一。為道學之宗。專長於武術。人多習之。按煞破狼為創事立業星宿。得之崢嶸。然多先破後成。聞出繼外親。本年丁丑。小限太陽。雖大放光明。當見尅制。流祿臨身垣力士諸星。必有擠兌。生氣不安之事。又稱極剛之象。而大耗咸池難免勞神消財虛花疾病等事。正月流羊作衝赴保定。應武術會之約。六月患腹瀉之疾。及其他虛花等情事。戊寅年小限行辰。紅鸞大耗。必因紅鸞而消財。蓋生女出閣事也。妻宮亦有離別之憂。因流羊衝身垣為妻妾宮。太歲歲破衝命垣。化忌合田宅。多波折不寧之事。己卯小限行巳喪門。雙馬遇雙陀為雙折足馬。身垣羊陀相夾。大耗入命垣。化忌到疾厄。身命夾力士。白虎入田宅。均非吉兆。

定興北幸村張君函稱光緒庚子二月十四日戊時生。家道小康。五世同堂。八世同居。有清旌表。不意民國二十年因購蜂賠累甚重。家業蕩然。問行何運限。以致不堪如此。按二十年辛未行巳。流馬落空。太歲歲破衝身垣並財宮。故破敗。流陀到田宅。有殘傷。壬申癸酉甲戌均不吉。大運行未。破耗之鄉。天相財來財去。流通而不聚。財宮地空又是身垣。在此限內能不毀家。貪心之害。有以使之耳。

紫微如黃蓍甘草之屬。天府如參朮之類。羊刃如芒硝。破軍如川軍。其餘皆可以藥性配星曜。知藥性便知星性。涼熱寒溫自然明白。五行五色。五味。亦均在其中。

葉字英先生昌平北山人。壬辰四十五歲八月二十日酉時生。八字壬辰庚戌乙亥乙酉。巨門守命垣在子。為石中隱玉格。附有擎羊主武職。離鄉遠處為榮。所以巨機無論其廟陷。均多破蕩。先破後成而復破。蓋先破其家而方出門也。離家遠處亦是破局。天機守身垣。與命垣相合。二十三歲入正刲。赴唐山煤礦。三十三歲後。漸至大工頭。率領工人。亦是武職之意。四十三歲後。本主美運。而太陽為浮動之象。

書云巨門羊刃雖富貴不久。大運未至辰宮。遇壬申年小限行午。三會哭虛。流羊衝身命垣並小限。辭去工頭職務。來京安居。擁資四五萬。以半數分給胞弟。廉貪祿存臨於兄弟宮。故得其利益。其弟當業。按廉貪祿存亦切乎其職而武煞化忌為官祿宮其年父歿。又因化忌大耗入田宅多不吉。妻妾各一。只有女孩一人。即咸池也。按大府當有三人。合武曲亦有二人。而化忌作難。天府爲主。桃花同宮。又無其他助星。所謂桃花犯主為至淫。淫者貪也過也。非桃花之過。是天府之貪花。故天府土如泥。天府土臨於西金力薄。所以子女少。命垣巨門羊刃如僧如道亦不看多。故花而不實並可考。其行卯運納妾及其他一切皆是桃花使然又合大耗破軍。考其祖塋。建於山間。坐西向東。正西是高山。即天府。正東是高山。一遠一近。即武曲七煞。南北皆有山。正北由山上向下行有山口道路。即巨門羊刃也。東南未出山口之上。有大山崗。即太陽。正旁之刦與寅方之星。由山上往下之水與道也。西南高山為紫破。較近。龍脈仍是紫府。此向大發。十年後始分給其弟。而其弟得此巨資。亦發。而自為破財也。以兄弟宮為其弟之命垣。大運行卯方發。故差十年之數。均得紫府與煞破狼武曲祿存天魁左右科權之力。若看財帛宮。不過地劫天姚。何能如此。不及其弟假借未方紫破化權為財宮。葉君無嗣。由其弟屋男孩繼承。將來皆歸其弟之子所有權。按坟地論。長門居左。而北方一帶低又空。不及次門得其飽滿之宜。此種地理頗可研究之。

今夏某人。查點書籍。短少奇門乙部。不知被何人携去。令余占之。得武貪紅鸞天魁。按武貪為箱櫃。紅鸞是女人。或在女人箱中。天魁貴人。不至遺失。又因刦路。亦不至於携走。某人云所住之地點。是公共處所。並無婦女。當時作為疑案。過兩月後。某人忽告以此書未失因收拾各書箱。曾於姚姓書鎖中尋得。查武貪既為書箱無疑。姚姓者蓋由姚某說自檢出仍如在女人手中之意。令人不可思議。武曲為道。貪狼欠次序。如各道書亂擲箱中之意。又如姚姓為道中人。

俗說柴米夫妻。餑餑兒郎。可見在嘴頭上的關係。即能變其態度。小人物不必論。就是古時宰輔。因宴會請客吃飯。即能顛倒陰陽。變其黑白。亦有不能盡似此者。必是非其所喜。或心性不合。與宗旨不同。一言不洽之故。反生出多少不良之情感。可見吃飯與餑餑亦有失當處。世上事不但餑餑吃飯柴米定其喜怒。就是一句話。亦有燮理陰陽之妙。

謝先生入字。己丑丙寅己卯甲子。二月初三日生。廉破守身垣在卯。主武。宜於僧道。田宅祿存。當有基業。而同陰浮飄之星。不能住腳。自可遠處也。惜大耗咸池同宮。難免破家敗業。另立別門。交三十六歲行子女宮，與田宅宮相合，人離財散，諸多不堪，妻亦故去，廉破居卯，衆水朝東，而文星在辰為相貌宮，遇化忌，生平多波折，難如意，羊刃主武職、武貪亦主武職，臨於旬空，宜於僧道，羊刃又多變故，即或有職一時，何能久守，小運與流年，總有不吉，相雜其間，凡事難成，如此貽悮終身不淺，將老，益不能為也，似此，正是作難，不知中年不好，不能屈。所以少年境遇好，亦是孤高之害，書云己土臨於卯位，未中年而灰心，又己土居卯，聰明智辯，考其實跡，均如此說，其像亦似廉貞，遇戊寅己卯年則不祥，按書云破軍卯酉不良不清之句，若在奴僕宮，則男僕與女僕通。其他各宮可想而知，羊孛卽是擎羊。化忌卽是計都。雖光明正大之日月。亦頗畏之。而為之敵。羊刃是煞。化忌之煞尤烈。如有不解處。可購小說中之一種女仙外史。必得點滋味。其他勿為所欺。

眞是方形。假是圓形。道家求乎眞為方。佛家求乎假為圓。儒家兩形兼用。眞假俱備。求眞未必眞。求假未必假。有眞必有假。有假必有眞。眞假兼用。亦難得乎中。得乎中者聖人也。日圓月方。日凸月凹。亦是兩個形勢的關係。天覆地載。天圓地方。自古不易之理。而吾人頭圓足方。人表明天地之道。方士圓滿等名詞。顯然其有分矣。無論何道何教又必須吾人代表之。傳播之。仍由人事為推進。孔子遇陽虎則用圓。遇少正卯則用方。其他用此法甚多。其實又是方圓兼用也。

陳希夷先生有四大水口八大局之說。地理辨正疏中。有辨四大水口之論最詳。正是地理之法則。

坟塋地要南北長。至少十二畝。寬在四丈以外。平高而中微低。不往外流水。用南向。墓土要高大五尺以上。前七後三之地點。作葬口。不可立甬路。主分家別離。家庭不和。左右龍虎相輔。前照後靠完備。氣韻生動而四圍肥滿。房屋木工一概不用。可稱佳城。其他再求詳細也。

顧叔明先生生於乙酉癸未丙子丁酉五十四歲六月初九日。問流年與妻病。推演鈴星守命。機梁羊刃守身。流忌白虎喪門均衝。小限化忌。流羊力士弔客又衝。而太陽限亦主尅妻。挫折不利。凶多吉少。小限行天喜。田宅復見紅鸞。按書云。老年人主尅制妻宮。九月不吉。十一月本身肝旺肺部疾。亦主多災。八月十二日。元配病故。

鐵夫人病取得戊寅八月初四日丑時。命垣坐申臨空。天馬天姚天虛守之。火星太歲歲破衝之。身垣地空合化忌鈴陀等星。又白虎喪門火羊相纏。身命又夾大耗廉破。九十月。非祥。宜延醫早治。

戊寅八月初六七兩日。天氣較前熱躁。度其不日必降甘霖。希望秋雨。可布麥種。其實地皮甚濕。初八日陰雲反復。因丙寅干支。故酉時西北濃雲甚低。至戌時忽雨。雷聲遠聞。不久即止。初九日丁卯壬寅時。急雨怒雷。聲震耳鼓。未及三十分。過則復晴。惟片雲不斷。下午天氣躁熱。初十日卯時。復雷聲隆隆。暴雨三十分鐘。雲過卽晴。仍不斷浮雲也。

如某人命盤妻妾宮。是廉貞在戌合七煞而於賭場中所遇之壞丁。是廉貞守命七煞守身者。便成為相契。因壞丁之瞎話魔力。能入耳鼓。數次假去四百餘元之譜。若非與妻妾宮星曜相同。何能有如斯之慷慨。其他娛樂地點。能輕擲金錢。不問可知。朋友有是自己命盤上兄弟宮之朋友。必合奴僕宮。有是妻妾宮之朋友。必合官祿宮。有是子女宮之朋友。必合田宅宮。有是財帛宮之朋友。必合福德宮。有是疾厄宮之朋友。必合父母宮。有是遷移宮之朋友。必合命宮。其他親戚上。亦如是理看法。若見其命盤審查更為詳細。相契與不相契。自然明白。得何星曜之利。被何星曜之害亦了然。雖然皆是朋友。有不同處。或視如兄弟。或視如妻妾。或視如子女。或視如父母。或視如奴僕。或視如長官。等等不一。

為三寶藥房橫額題辭。其詞曰。天有三寶日月星。地有三賓水火風。

人有三寶精氣神。故吾人立身世間。對于精氣神三寶為當務之急。三寶藥房之設。專備固精之藥。養氣之藥。鍊神之藥。願人人獲此固精養氣鍊神之利益。使精氣神三寶完足。不僅身體健康。經營富強。而益壽延年可得到美滿自然。與天地同其造化。誠然是吾人最快活事也。余亦樂為之祝。（又有皈依三寶之意乃佛法僧也）

陰年男命。丁亥二月初四日未時生。同梁守命垣在申。宜於文職。又有作吏之說。而孤高不羣。難屈人下。書云寅申最喜同梁會。又梁同申位。利業聰明。又天同會吉壽元辰。天同化氣為福。天梁化氣為壽。祿權科三奇加會。名譽昭彰。紫府夾遷移。在外得高人輔助之力。天姚尚風流。宜於道門崢嶸。財祿因日月相反。火星地空有亦難存。又恐有失。惟化祿有根。不至缺乏。羊刃七煞夾命多剛強。魁鉞夾身多貴人擁護。田園孤小而浮動。現行大運諸多生變。飄泊任性。宜作道中生活。其後入刦。美中不足。

陳君己丑五十歲十月廿六日子時生。天梁守命垣在亥陷宮遇天馬。書云天梁天馬陷。飄蕩無疑。（空刦羊火加會方論無此亦難免）附有空刦。生平坎坷。勞碌不堪。羊火陀羅共衝。亦多走極端。東奔西馳在所難免。為人心性孤高情深。化科乃上界應試主掌文墨之星。如逢惡曜。亦為文章秀士。可作羣英師範。天梁雖失陷。亦主孤則有福。饒上代之餘蔭。聰明閱歷。當有專長。初行運有孤苦剋傷飄泊之狀況。多情者必冷於情。內部損傷。亦造因於此。所以知世態之冷熱。悉人心之變化。亦由此而得。交十六歲後。文藝突進。頗具風光。堪稱美運。三十歲後。是非不展。中途多見挫折。（巨機卯酉主破蕩）尚能支持者。當別有可圖。（因合官祿宮）四十歲左右。鬧中進步。花開錦繡。絢爛一時。四十六歲後。主持文事。有燮理陰陽之妙。惟羊刃作衝生變。何能安靜。三合火星天馬。當有爭戰之撓。（又合身命垣與官祿宮）晚景潛居逸樂。而遇大耗之鄉。恐難如意也。本年小運入劫。有奔走。（指流馬流祿）有進益。（指流文昌）鬧中可取。（指貪狼）喜貴並論。可稱中吉。流祿到遷移。當有來財之處。

李永和針科醫士。戊寅六十一歲正月十六日戌時生。命天同。身天梁。附文昌。故習醫。頗有心得。大運行申酉方。均非佳境。本年流羊衝身。即患癲瘓症。在正月初一日被刺激出走。妻宮續娶剛強。致使李君悶氣成病。皆機月化忌為害。

厨役之妻。癸卯三十六歲五月廿一日卯時生。八字戊癸合。父沒母嫁

○又裁縫之妻○辛亥廿八歲十一月十三日卯時生○為再醮之婦○八字丙辛合○父沒其母三嫁○按斗數命盤詳考○頗有研究處○

戊寅八月十一日寅時○余在沉睡中○忽說出一個殊字○遂醒○室人問余所遇何景子○而直呼○余常告之○曾見似是壁上有文殊菩薩四字頗真切○作顏魯公體勢○每字約四寸餘○旁站有一中年不識之人○請問此殊字○不意大聲說出一惆殊字以告其人○竊思甚奇○或者有文藝之進步○而指示此四字○亦未可知○雖未覩其眞像○而獲觀其徽號○或是文字之緣深遠○令人想向○中年人所指為殊字○殊字深也○與文字有深緣○或勉於余○亦不敢憶斷○卽取斗數訣按年月日時卜之○天梁福蔭之星守命垣在未旺宮○坐貴向貴○紅喜助之○昌曲夾命○果主文事○可稱上吉○不過天機化忌多管事○無大礙○武曲守身垣○孤高則

宜於道。貪狼化祿當見財祿而無多。因流陀有殘傷之象。白虎喪門又為凶煞。所好者武貪尚能懷柔。而命中又有貴也。不至為禍。來時亦在辰方。而十一日在紫府太歲方。七煞朝斗。流年文昌來合。亦主清高文書之事。是示以文字緣深推進之意無疑。在初十日白天有文書之論作。為已辦之事不證。按天梁土守命。昌曲相夾。兩貴坐向。則武曲金守身合貪狼。(武曲為金鋼不壞之身。貪狼為仙佛之像)與各加會。或即文殊菩薩之身命歟。

某醫士戊申三十一歲四月十三日卯時生。八字戊申丁巳丁卯癸卯。同梁守命垣在寅。書云寅中最喜同梁會。文藝飄泊。惟此造天梁遇馬飄蕩無疑。又遇旬空。則奔走。多猶豫。身命垣地空地刦。主孤尅勞碌。宜入道門。近年研究醫學。將來有成。亦濟世之良材也。大運行卯。大耗之鄉。父沒兄亡。行辰日月並明。漸入佳昌。行巳雙祿為用。廉貪為輔。名躁一時。

魏王氏三十八歲十一月二十五日子時生。貪狼守身命在子。因夫主宮廉貞羊刃化忌。在甲戌年尅夫。子女宮祿存主孤。只遺一子。十四歲七月十三日子時生。按貪狼居子主泛濫。故出外生活。

韓恆忠之母。辛巳五十八歲十月十三日亥時生。貪狼守命在子。身垣廉貞羊刃大耗尅夫。身命垣夾化忌。二十年來終日半瘋半癲。有一女去年出閣。今年病亡。查其小限行地綱。紅鸞大耗白虎羣凶作黨。又流羊弔客三煞衝命之故。子女宮祿存。祇恆忠一人。

戊寅年又七月初三日未時。命垣紫府土為雲。身垣貪木主風。陀金為雷。天哭為陰慘之象。亦作雨。身命夾太陰。陰雨之狀。辰時富見陰雲。未時陰雨。微聞南方雷聲。漸震耳鼓。風雨交加。不甚巨烈。其後得悉宣武門外劈雷震瓦屋。按來時在午。流羊為風。為衝。廉貞為雷。為電。破軍為雨。因羊刃雨急。不久即止。戌時又雨。子時晴。因羊刃衝變之故。而天氣殊覺清爽矣。丁丑年六月廿一日丑時生。八字丁丑丁未丙辰己丑。羊陀夾命垣。有擠兌。不得已而出動。雖有白雲。亦難留住。祿存土孤高。同陰飄蕩。天姚助之。浪漫空際。雙祿坐守。乃有根之財。惟咸池大耗。能不消耗金錢。亦主內外各部構造之意。太陽守身垣。空中之表現。有明朗之象。日之光華。顯然照耀。巨門化忌。是非波折。有破敗之行為。巨暗又有陷害殘傷之情形。天刑主刑殺。天空乃空中之氣象。紅鸞天喜有彩色之新。身命夾武貪羊刃。携帶金屬物。有散漫之象。天虛亦作空氣看。巨門有聲。遇太陽暴發聲尤烈。武曲為鋼。羊刃為針。一觸卽發。

茶店經理。戊子五十一歲十一月初七日亥時生。丙子年雙祿會命垣。身垣科權。小限行戌。魁鉞相夾。武貪為財權。領有資本。開設茶莊任經理職。丁丑巨門化忌不順。戊寅二月間。中途遇匪失物。按田宅貪狼家宅分散。陀羅另立新塋。問之果然。

戊寅年七月廿五日辰時。在廿四日癸未早晨。陰雲反復一日。至下午五六時。四面濃雲迭起。南北雷聲似有暴雨將至。不意只落數點。頃刻而止。仍是浮雲。疑他方有大雨也。按酉時為時刄。故生變而無雨。交子時後。為甲申。漸興雲雨。丑寅時大雨。卯末卽止。仍是陰雲。卯時末又為甲申日之羊刃。則為之一變。庚午時蟬皆鳴。庚字又一變。漸漸日出放晴。約二時又陰雲。三時後卽晴。按破軍與羊刃同宮

○或對宮○雖有暴風雨○一陣卽過○因羊刃為風○不至被雨所洗○比如按日干說○是六甲見卯時為羊刃○六庚日見酉時為羊刃○若甲日落雨見卯時遇刃而止○因羊刃衝變也○若先未雨○遇刃而天氣亦生變化○其餘以斗數中土星為雲○火星為晴○木星為風○水星為雨○金星為雷○為雲○為霧○為霜○為風障之氣○如有雨止於羊刃之初中末不等○止是止○晴是晴○再遇羊刃○自有分明○又遇日刃時刃為雙刃○對方亦然○而雨卽止○只在詳考耳○

戊寅年八月初六日甲子陰雨○有衝破甲子之說○至中秋每日陰雨陰雲不等○或見薄雲一片○卽落雨數點○天氣雖入秋○頗似六月降雨之方便○不過無伏天之大雨傾盆之狀○有兩次暴雷雨○宛如夏景○而不久即止○十五日自後半夜○陰雨連綿○雲自東而西行○至午後三時仍未

止。可謂之翻雲覆雨矣。陰雲反復至廿日微風放晴惟潮氣如夏。戊寅年七月廿四日巳時生。八字戊寅庚申癸未丁巳。破軍守身垣合天相。有乘風破浪之勢。羊火鈴馬等宿夾其對方。（亦如夾身）能不急轉直動飛騰雲霧間。（因刦路為雲之意）天府天刑合武曲七煞金屬剛強物。乃有使命之器具。大耗咸池天空非安寧者。或是飛將軍也。（是日陰雲反復）雖離甚遠。只聞其聲。不見其形。破軍臨身或微被雨氣所洗。己丑四十六歲正月初六日午時生。陰年女命。八字己丑丙寅壬子丙午。天鉞守身命垣在申。遷移巨門。即主招是非。甲戌年太陽化忌。乙亥年大耗入財宮。化忌到大陰。為官祿宮。甲戌年患病。幾乎不起。而其翁病故。乙亥年三月卅日迎娶大兒婦（重喪日又是月晦）丙子年後三月初旬。兒婦服毒身死。因婆娘素日刻簿陰毒所致。涉訟多日

○經說合○在接三晚被兒婦娘家人毆傷汚辱勿恠也○（天鉞為陰貴人之意思）臥病不出○事亦即息○

戊寅甲寅乙丑壬午○按斗數看○七煞朝斗格○有雄壯巍峨之局勢○似孤高尊嚴之意思○七煞為武為道○文昌為文為藝○七煞金文昌金又作機務屬看○紫府為孤高爲尊貴○此某印書局也○按身命垣七煞極剛強○太歲歲破衝之○不安有破○天馬出入奔波不寧○文昌雖有進益○而火鈴相夾○當走極端○天馬又是變動○太陽臨亥居宅反背○又是一變出動○合巨門主口舌有爭持○全局人位多背之○難融洽○有離散之象○以身命垣爲全局與房屋○以奴僕宮看人位○以田宅宮看內部○太歲歲破既衝身命垣○定主變動有致身命之傷○按奴僕宮天機陷○又遇化忌○主腦人位失事不順○生波折○事體尤繁雜○有紅鸞之喜相纏○有

天魁之貴相輔。均非局內主體事也。見喜見貴為個人之事。官祿宮遇破。流羊來衝。往來官祿上。亦多衝變破局。流耗入相貌宮。以前之整齊。諸物之次序。不作穩常看。正月非安。有文事。二月忙碌更動。四五月卽生變故。六七月身命奴僕搖動。八月荒耗消財。十月十一月又來是非擠兌隔離。明年大耗到申。兩貴雖合。亦主勞碌欠安。流年到未。兄弟奴僕兩衝。又生離心離德之事。白虎入宅不吉。（房為主。當看身命垣。人為賓。當看奴僕宮。此是一法。）

梁文卿先生之第三續室。癸卯十月初七日巳時生。武府守命垣在午。破軍守身垣在辰。心性剛強。十六歲後。入廟禮佛。廿四歲突經某人主婚。卽出嫁矣。遠處滬上。十年來無生育。破軍宜出外。女命亦然。

鐵夫人戊戌四十一歲八月十七日寅時生。廉貞七煞守命垣在未利益。加吉為財官格局。附有天鉞貴人。合有天魁貴人。為坐貴向貴。非凡庸可比。紫府左右祿科加會。書云三合吉拱主封贈。又云逢化祿。剛烈機巧清麗。旺夫益子。又廉貞入女命云。女人身命值廉貞。內政清廉格局新。諸吉拱照無煞破。定教封贈在青春。又云廉貞七煞反為積福之人。又云廉貞清白能相守。按以上論斷。宜富宜貴。武破守身垣。有孤高剛強之心性。聰慧秀麗。卓越超舉。大運行巳。財喜並臨。百般風光。自不待言。因合官祿宮。當然周旋於親友之間。行辰宜靜養。勿憂疑。今年小限臨太陽反背。尅男星不順。自亦多病。流魁鉞紅喜。可能解救一切不祥。明年白虎臨身。流羊衝命。仍主多病。身懷六甲免災。生有三子三女。晚景福祿可知。

乙未四十四歲五月十三日申時生。當業。天府為權令之星。又為祿庫。守命垣在戌。書云天府臨戌有星拱。腰金衣紫。紫微右弼文昌天相來合。可謂諸吉擁護。鈴陀羊刃為用。七煞來朝。定主財權兩旺。書云府相同來會命宮。全家食祿。此府守命而相守身尤佳。又云府相廟垣格最良。出仕為官大吉昌。又戌宮天府纍千金。豈只腰纏十萬。卯與戌合。權祿暗助。日月並明。所謂名譽昭彰者也。武相守身垣入廟。主財爵並旺。雄厚有威。陀羅文昌為權。得鎮攝一切之能。心性剛強。尤尚道德。四煞共衡。能不爭乎世間。經商理財。出人頭地。相貌宮合日月祿馬。邀上代之餘蔭。與所創之途徑。復能主持。開闢新基。推行盡善。有守有為。無美不備。現行大運。得造化之機。實出日月。得日月之光華。必有所奪。主尅父母。若履信義。明忠誠。（

指巨門言以免口舌家宅不安）自然福祿禎祥。行午為財帛宮。因刦路亦多奔馳。三方來合。當有新猷大展。正財為根。偏財為用。（指紫微鈴星）鈴星又有漏財之處無妨。氣象為之一變。（桃花貪狼大耗）晉璧楚珩。羅列尤盛。可為預賀。行巳入空。祿馬交馳。奔走道門。益顯光榮。

凡人大巧必有大拙。小巧必有小拙。大善必有大報。小善必有小報。若能退一步想。必有餘地。只顧眼前。不求穩練。何能持久。此理顯而易明。每每不悟。亦大可惜。此如糊塗人。偶然說出一句明白話。聞之頗愉快。而明白人偶然說出一句糊塗話。亦要令人生氣。豈不知皆有打不破的悶葫蘆。清濁要自知。心與口行能一致乎。處於今世。罕見罕見。將來是弄巧成拙。看誰的手腕靈敏。我知天手較人手靈敏。不然能否推翻一切。若能翻新。我亦願聞。以批命說。那有一句明白話。若要明白。就無話可說。則此稿本亦不必留。留此稿本。當作糊塗看。亦無不可。比如原被二人因明白起訴。豈不知得到判詞後。仍是一榻糊塗。不如當初糊塗不起訴爲是。俗云難得糊塗。或由經驗而來。蓋明白人。辦出多少糊塗事。亦由閱歷所得乎。

友人時常令余寫格言字畫。余當告以格言不耐觀念。人皆向前行走。不喜格言。非倒退而行。始能合宜。只在爭讓二字分別。又不僅此二字了之。

朱潤卿君辛巳年十二月初二日酉時生。以孤身在外創事立業。突發。至廿餘萬。行破軍限。開華興厚損去大半。發亦是破軍。賠亦是破軍。若欲知將來有破。則不必再經商矣。置買田地。或可減輕。先父母於癸丑年春冬相繼沒世。遺有民粮紅契地兩頃六十一畝五分。坐落京南龐各莊鎮西南方張公垈一帶。每遇九月間往取租銀。嗣值荒旱。農民甚苦。因念先父母生平好善。身後尚未廣作功德。以資回向。故於民國九年庚申小陽月。發願將此項地畝施增各租戶為業。其新舊所欠租欵。悉置不問。當場焚券。赴縣立案。准予另行投稅升科。以承先志。而奠幽靈。庶幾稍盡子職。迨後村鎮紳商及各租戶來京約七十餘眾。公送德邁馮蘇四字區額。却之不恭。受之有愧。經友勸說。遂收存。不敢懸。究非余之初志也。異述梗概。以告後生。按命理詳查。是年小運所行。皆福壽之星。有以成就此舉。

山東堂邑縣許劍秋贈序并聯句歲丙辰卸職鄂署。遂由長江啟輪東下。

游覽數省。聞蘇趙古多悲歌慷慨之士。思欲一遇其人。乃擭劍北上。寓京古寺。有持德邁馮蘇乞書者。問其事曰。今有京寓王君栽珊其人者。乃學子也。慷慨好義。濟人樂施。家有負郭田二百餘畝。招佃納租有年矣。今因歲歉收。憐諸佃貧苦。慨然謂其田給各戶領種為業。並會眾而焚其契。贈以額誌弗諼也。所謂燕趙慷慨之士一遇者栽珊其人乎。然馮驩燒券。為孟嘗課三窟也。蘇公還契。乃別墅非故宅也。栽珊捐千金世業之田。救諸佃俯仰之困。以生以育。百代食恩謂之曰邁。則誠邁矣。余常歎世風之衰薄逐利不已。竊得我珊義行以為幸。於是論之。以勵俗云。其聯云。千古俠風多燕國。百傳食德眾民家。

庚申冬月堂邑許公瑗撰贈。

甲寅秋月。京南龐各莊鎮善士馬旭亭先生。募化重建呂福宮於鎮之北街。並設純一壇。經衆贊許。令余書額寶筏開覺四字。匾長八尺餘。每字約二尺。該鎮北裕豐燒鍋經理王子千甚愛之。拓去數紙。轉送道中人。詳查余之運限。乃遇流年文昌。得有此文書之進益。亦不計字之工拙也。

壬申春。重遊西山靈光寺。時值芳春。桃李正艷。被邀同遊於四平台之西山坡。盤繞入靈光寺廟。茶憩良久。偏視各方殿宇院落。均非舊觀。惟一亭甚大。細審之。乃就塔跡接連築成。卽登此亭。遠眺一切。不覺回憶三十年前。有清光緒庚子四月間與祖母顧親朋於此山之南。每日遨遊。頗生樂趣。彼時此刹早為拳匪所據。延至是年七月廿四日。拳匪乃乘一時之忿。將田京城逃出名韓海軒者及其妻妾殺死。益無忌憚。終日用雙抬槍演射於山口。聲名狼藉。勢所不免。突於八月十九夜間。經國外人合剿。拂曉佈滿全山。槍聲彈落之音。不覺於耳。余與祖母。雖見驚恐尚能鎮靜。尋山南之廟墻急行。並蔽彈雨。即奔赴黃村親友處。途遇外人武官騎馬巡視。亦未過問。又見炮車士兵等等。皆雄糾糾。是日午時。聞巨炮隆隆。遠望四平台忽起白烟萬丈。直衝霄漢。當問之。友人云。必是靈光寺寶塔被轟擊也。後聞外人連日搜查拳匪。半月後始息。而拳匪皆死亡逃避無踪。此廟此塔俱成焦土。亦慘矣。今住持改建此亭。而余登之。猶憶昔日登此寶塔。惟不及當年之有興趣矣。余與祖母。蒙此恐怖。從槍林彈雨出。亦危矣。祖母於壬寅年冬逝世。壽七十六歲。計來祖母棄世逾三十年。而生前愛我最深。希望亦重。自幼撫育之。長成後又無以報祖母也。今復遊此處。獨無祖母。傷今痛昔。有如此之甚。而余祖母若生。又不知來此作何感想耶。是為記。按余之命運祥查。是年祿馬羊刃太歲死符故如此。幸遇魁鉞貴人。而履險如夷。

某律師辛卯四十五歲七月十五日未時生。巨機守身垣。主破蕩。不過蕩法不同。而巨門為是非之宿。爭持之星。文昌化忌多管文事。即代理案件較多之意。天刑主刑法。主官事權令。故為律事。官祿宮天梁遇馬。乃飄蕩之職務。是奔走浮動之事體。命垣日月同宮。有光明爭榮之象。運交廿五歲後。科祿昌曲。三方相合。行律師職權。財資逾十萬。卅五歲後。遇破軍羊火。反虧巨萬。蓋巨機之破。破軍之破。羊火之破。又因疾危宮廉耗之破。有以使然。又合田宅羊火地空與破軍。故財產亦不利。有破之局勢。命垣化權。財宮祿存。又合化祿。本主財權。而巨忌擾亂其中。由吝而消。亦頗可憐。巨忌臨身垣。宿疾沉疴嗜好亦必有之事。再參看疾危宮。凡人不幸。遭遇詞訟。卽是破敗之局。所以破敗之星曜。對於破敗之事體。必表同情。是非短長。較量有由矣。訴訟人不遇此。無以成詞。調理者不遇此。無以行其職責。天地之妙。於斯可得。諒古今貽害與被害者。當逾恒河沙數。可哀也夫。大刑主刑傷刑尅。又主行權法令與刑法之事。所以法官律師不離天刑。用其所刑也。無論原被辭訟人。均是被刑者。人多不悟。用刑者亦必自刑。箇中人均能指實。天刑宜於僧道。法官如僧如道。所以公門中好修行，卽謂此也。

朱增勳先生之夫人。陰年女命。辛亥廿七歲十二月初十日巳時生。身命垣無正曜臨。二姓延生。幼年住親戚。命合火陀。身合地空咸池天姚羊火。福德羊刃合空刦巨門。故為續室。天刑主刑尅。見子女各一難立。又因子女宮天馬化忌之故。丁丑年田宅天馬小限臨之。故避難來京。身垣大耗咸池。羊陀又夾。巨門化忌。三歲小孩在十一月夭亡。家中妯娌。因其來平。加以種種不良待遇。皆巨忌羊陀夾身使然耳。巨門在遷移。多招是非。火星亦多側目。夫主宮地空。卽朱君已故之元配也。（尅去與埋在地下曰地空。男為天女為地。其地成空。坑窪亦是地穴。）天魁乃朱本人。若非續室。必先尅一夫。再醮。日元癸卯下為甲辰換旬。辰卯相穿。再推為乙巳。蓋坐下貴人是巳上貴人。卽朱君也。戊寅年不吉。身懷六甲可免。問之已數月矣。

房山縣人劉彩軒問家中吉凶。取得丁丑年十月廿四日未時。命機梁相爭。卽是家宅有爭。身祿存相擠。羊陀相夾之故。宅院複雜。出入人較多。因大耗咸池之故。亦主諸多不齊。殘破之象。家春已移動別處。指田宅宮羊刃而言。西隣已空。亦多不整。指廉破白虎而言。東北巨忌之家。是非不利。正南之家。凶纏不寧。據云南隣安姓曾被匪來打傷。損失甚巨。其他均如所占。

費靖安大夫問所看女人病狀。取得丁丑年十二月初四日辰時土五局。當答曰按命垣武曲七煞兩種。極孤剛之金。被白虎金所衝動尤烈。其命已傷尅。必是筋骨肺部癆傷等症。流年文昌天鉞虛邀進益。不過大夫所開之葯方。廉貪主女人。守身垣在巳。落陷。飄浮不堪。主肝胆心火之疾。陀羅主腰背足雞以動轉之疾。癆瘵為其主體。而疾危宮太陰主水分大虧恐難獲痊，據云此人患病一年有餘。腰脊與前胸均突出。臥榻久不能離矣。陰分虧損。虛勞已極等症。按此占斗君在午。正月即不佳。顯然客歲羊陀夾身垣。廉貞又遇流年化忌。即主病之發源。蓋平日剛強尚氣鬱所致。難稱吉象。（腰脊突出卽是陀羅。俗說前脊後羅鼓）按田宅宮看。巨機化忌大耗咸池。何能順利。多消耗虛花不安之情形。天機木枯乾之象。如柩。又如柩中之物。恐不久則就木焉。各宮皆要關照看。便無可疑之點。

又問某男人之病。取得丁丑年十二月初八日巳時。推演火星天刑守命垣。主刑尅。有衝破。大不安之象。對方巨門化忌。可謂此造卽主是非爭持不順之命也。不順卽是逆。身垣在午。羊陀相夾。大受擠兌。地空主失事。有爭戰之撓。大耗咸池勞碌不安。疾危宮在卯。天相水主膀胱氣疾。喪門木肝旺。三煞內之災煞居中。有急氣急熱之疾。對方廉破心氣急熱下寒。白虎金肺氣不順。可謂氣逆。再查身垣地空之上火下寒。有氣逆血逆之疾。祿存主脾胃疾。其他星曜亦百般不安。

對方大陰主陰分素虧。天同主氣分疾。天姚水不問可知。又有胸膈腹痛之類。田宅天馬合陀羅。不能在家住脚。據云此公因在市府被裁。諸多欠安。以致打膈氣逆症。先服葯見愈。今又反復。按月令論。十二月正在午方。來時亦在午。恐此月不易好。明正亦凶。

韓某問病。取得丁丑年十二月廿一日酉時。火六局。貪狼守命垣在辰。被流陀所傷。幸貪狼入廟。能抵抗。則主肝旺。武曲守身垣。乃肺部疾。咳嗽吐痰。外風寒（指田宅羊鈴）內濕熱所致。（指巨陀化忌並因父母宮之所起）疾危宮太陽火居反背。必有時令瘟邪。對方巨忌。口舌爭。有急氣。天魁火大馬火勞碌之疾。田宅羊鈴。家宅搗亂不安。因爭嘴抑鬱不舒。據醫士云。氣逆反胃。不容飲食。有外感。其肺部疾。即多年固有之病。又因烟酒濕熱所致。

紫微之方。不論何宮。當有紅臉老頭。或中年人。有在世與去世之分。心性耿直。脾氣占怪。人緣尚好。若該人在時。則其家好過活。不在時。則其家必消敗。審慎之。要在於臨時考驗。見命卽問。細聽周詳。考過幾次。便知其滋味矣。兼可考與紫微同宮星曜。一切輕重。又可得一證據。

吳靜齋先生辛巳年十一月十四日子時生。貪狼守身命垣在子。戊寅年斗在辰。七月在戍。白虎金羊刃金流陀金七煞金。尅大耗之樹。延至八月令。太陰亦樹。對方天機亦是樹。因流化忌。其樹不順。並有波折。西北隣家。忽將靠墻間之多年大榆樹。（在彼方為正南方流羊作衝若查該方人之命盤必是天機合巨門或太陰大耗在午）砍伐大幹一枝。係吳宅地基物。經吳先生止之。故未能全除。樹亦有刑傷之苦。刀鋸之害。又按亥卯未三方看。未方有顧姓老太大五十一歲病故。天傷主癆瘵。卽是老太太。流鉞無力。合對方巨同看。卽為老太太之命。客歲流羊巨同。卽主災病。瘡痍。流天喜卽主女人。而其夫主宮。卽天機化忌也。再合巨同紅鸞看。若見其他喜事。或不至於死亡。故通俗上有喜衝之說所由來。顧君乙酉五十四歲六月初九日酉時生。機梁羊鈴互守身命垣。八月流年紅鸞人田宅。卽主尅妻。(其小限亦行紅鸞。書云老人喪其妻。太陰限亦主尅妻)暗合吳先生之命盤。係機梁化忌之意。及其他一切。九月流羊在午。顧姓主遷移。而正南午方祖姓。又因流羊見挫折。奴僕宮天機流化忌合對方為機月。其奴僕八閱月以來。內外不順。難以筆述。合酉流耗。合丑巨門。故多搖動不安。按吳先生命理論。今年尅奴僕宮。奴僕又住在東南角上房屋。正是巳方。羊陀相夾之方。大受擠兌。而僕人正是天機守命垣在丑。遇今年化忌。故其命不順。流年紅鸞曾得一孫。

明年奴僕宮。遇陀羅天馬。當見腰腿手足之灾。往返徒勞之苦。考僕人為董姓父子。隨侍年限最久。卽應老榆樹也。其子今夏他去。即應砍去一幹。凡事如影隨形。故一人之命盤。環繞各方。關乎一切。眞有不可思議之妙處。

王春祥新安人。生於己未年三月初一日戌時。紫微守命垣在午。為極旺之垣。有升殿之名。附有左輔祿存。府相祿權加會。不為孤立。少年即主騰達。武相守身垣。賦性剛強。文曲化忌。難免下寒腿痛。吸食鴉片。亦必有之事。武祿財星入財宮。當主財祿。今年春天。余曾看過此造。言及三月生變。因流羊作衝。四五月見喜見貴。定有奇遇。至時果然。領有巨萬。在津經營棉業。按二十歲即能開展。可謂少年騰達矣。今年小限入刦路。本無可展。因紅鸞流昌流馬。極其催動。而右弼流科為紫微之命出力。相貌宮又合魁鉞紅喜。流化祿坐遷移。流羊衝命主動。棄舊事從新業。亦固然也。而破軍奔走酬應虛耗。太歲臨身垣。富有一時之雄。考其兄弟宮。有弟一。因陀馬。腰腿足軟。行路艱難。亦下寒之疾也。考其像貌行動是破軍。文昌臨於正北。幼年讀書。即在北方。因貪狼之氣散漫。距離三十里外。始得讀書地點。今年流耗入宅。家內不安。明年己卯財權尤盛。貴人親近。惟身體因流忌而增弱。亦多事勞碌所致。（又告以今年事體。九月因流羊有變故。據伊云。又有資本家加入五千圓。若是。亦貪狼流化祿之故耳。羊刃作衝。化祿不完。只成半數）。

一宅之長。一號之長。及一署之長。皆以命運而任。至頭腦手下者。為伺候人。非伺候其人。是伺候其命運也。故作領袖者。當有自量。命運一過。輔佐離散。而伺候人者。尤當自量。將來命運旺時。亦必用手下人。若不自量。必至貽悞。伺候人者。亦是命運所致。故達人知命。命者。天命也。卽是天數。雖神佛亦不敢逆天而行。否人要速警省。勿為其他所欺。

巨門主口舌是非。爭持詞訟。該方時常見口角相爭。與好管閒事之人。或在村中辦事。或為巫醫。均不可親近。如無人家之處。該方地主。亦如此理。

王勝千先生葯鋪生理。己未廿歲十二月初五日寅時。右弼守命垣在亥。天府守身垣。左輔為助。辰方太陰寡宿。有居孀者。其夫生前在外為傭。（以寅宮合申宮為夫主）置有地一頃數十畝。子一。娶媳後。見有二子。其後亦故。家業衰落。（以丑方作子媳宮看。天虛地刦。對方羊刃來衝。又遇破軍。故命極剛。而亦居孀。以亥方右弼火星天哭合對宮。作其夫主宮看。當然主尅。故兩輩孀歸。只遺弱孫二。由此看來。王君之命垣。則孤苦飄零可知。聲稱兄弟四人。現本人尚無妻室。巨門祿存脾胃疾。天機等星。肝旺火盛。天姚咸池。勞心疾。上火下寒。文曲化忌。氣分疾。時有夢遺。又通醫學之楊雲章先生。壬午年二月初二日亥時生。武相守身垣。化忌則下寒。左腿疾。平日亦好生氣。心性剛強所致。

吾人行常每日總要看看天氣。是冷熱寒溫。風雨陰晴。自家與親友見面時。多作開口話。亦是人之常情。惟多不深求冷熱寒溫風雨陰晴之用意。與吾人有何等關係。是否為鑑。吾人多不知也。若每日動靜間。必要看看自己運限月令。因果報應。禍福昭然。若能再看看人家運限月令。又可以人為鑑。人人若能引鏡自照。庶幾可以為人矣。無異看天氣。道寒溫。並可審透世態炎凉滋味。

看村鎮氣脈。先以村中村頭廟宇定之。若廟宇坍塌倒壞。殘破不整。必是闔村善人少。內部不一致。互相爭伐。飄流死亡等等情形。何能言富。何能發旺。若見村莊廟宇重新。村中必有能主事之人出焉。惟廟宇磚石。不論何家運走購去竊去使用。定遭凶禍灾殃。與殘破廟宇相近之住戶。必然有殘暴不仁者。或破蕩敗業寒苦艱難之家。决無發展。參看陽宅愛衆篇。諸廟宇神煞表最靈不過。該表尚有未盡者。宜考查確實。最好隨筆記之。生乎天地間為人。成人之後。當作之事。

即是仁字。故人之第二即是為仁。書云當仁不讓於師。他人始能敬之。為人。為仁人。不然人自之上。只看加以何字。

甲辰廿四年十月廿六日未時生。天同合巨門守命垣。為是非多管之宿。太陽天刑守身垣。太陽居午。日麗中天。雖屬光明之象。乃流動之曜。而天刑主法律。（天刑主刑法。若為僧能任戒師。其他亦好多管事）。附有化忌。亦主好多管事。波折風浪。等等不一。有以上種種。故為律師亦頗合宜。妻宮祿馬。主財祿流動。財宮機月又相爭。（書云。寅申機月福須輕）。在乙亥年元配因吸白面。自請下堂而去。因乙亥年紅鸞大耗流羊入命垣。小限合大耗。歲破主破財生變剋妻。官祿宮又遇太陰化忌。合妻宮。故有如是之波折。況祿遇馬。決難靜守。太陽化忌。素性剛暴。恐中年後目疾。甲年雙化忌不利。丙子年小限行午。流羊衝身。陀羅衝命。遇詞訟事。頗不順手。終未救出該案中人之生命也。父母宮紅鸞武破鈴星。故為庶出。為人一生不到法庭。幸福匪淺。而社會上。專有一般勾結之流。叉圈弄套。時常出入法院為榮。現在雖有律師。此輩亦難免也。眞寃屈者。到法院必須如逛公園。方能養氣。觀前代廷尉之事蹟。便得梗概。從古如斯。為之奈何。

房山劉彩軒辛巳年五月十四日戌時生。紫府守命。附有陀羅破其格。為煤商經理。戊寅年流陀入身。腰腿疼痛。下寒之疾。原疾厄宮天同合太陰。目疾甚重。頭暈失眠。太陰陰分虧損。今年流耗入相貌宮火旺。屢葯無效。余問以西隣去年白虎即凶。今年流耗太陰仍主不吉。當有婦女死。火灾。(因其病之情形即測該方)聲稱西隣白姓故去一老太太。本人被嫌虛驚。其高大南房五間。因無人被焚。而伊院內飽受虛驚。亦見火勢熖熖。與其病有同等模樣。並焚去大樹一株（太陰主樹遇大耗）余又問以南隣有田園之損失。伊稱該方安姓所種白菜。因雨水不潔全壞。（因流羊在午借西方為田園太陰是水澆地遇大耗之故去年白虎亦不吉）東北之方。因七煞太歲主凶。當有官災。伊稱曾死二人。其弟遠逃未歸。官事仍未了也。按其小限辰方。流陀壓身。天哭喪門白虎作衝。（其小女正月卅日病亡）難稱順利。余又問所作之事。因流羊衝官祿宮。在五月必生變故。答以四月初已辭去回家。今來有他事。此七月陀馬相遇。必見往返之勞。余又告以十月十一月家宅不安等事。明年波折不順。未敢道及。因其多憂多慮。看命對於此等處。當慎言之。照人之命盤按每年月作推測。加以四鄰考驗。描寫情診之輕重非十餘紙不能盡也。普通人每以此等哲學。看成街市上算卦推命為一小道耳。或以迷信視之。無關重要。豈不知觀測一切。對於修身齊家等事。以至家庭常識。預防病機。(故分出十二宮令人審查)無不包羅在內。中庸大學論孟書經易經諸子百家之書。盡在其中。誠有益於人世不可須臾離之要道。其他尤為神妙。萬不可忽。有失古人之苦心。再者此項哲學。較詩賦詞章為嚴明。每多不究。揚雄謂詩賦小道。壯夫不為。古人已看破將來必有被誤者。至今亦多不省。其終日推敲。詩酒放懷。號稱文豪之流。欲以酸味為能事。而又不知所讀之書為何事。亦可哀矣。韓非說難。而死於難。商鞅變法。而死於法。屈原之美。無補於正。賈誼之論。徒成禍端。其他歷代清流。又不計其貽害。所以悞矣。

談命一道○有不敢說○不能說○不可說○不便說○不得說○不懇說○不必說○不宜說○不暇說○又有勸說解說直說○不得不說之分○此談命者○臨機應變之秘○

陶律師庚辰五十六歲二月廿二日巳時生○天同天刑化忌合巨門守命垣○故宜於法界○經管是非爭持之事體○祿存守身垣○主孤主財○生平即擁有厚金○不過以此為名耳○五十五歲小運行辰為天羅○遇巨暗限○太歲歲破衝命○官符入官祿宮○經手刑事案件○幾乎不救○復由他人援助○始轉危為安○所以巨門天刑官符衆凶曜相纏○亦難免有詞訟之累○五十六歲小運行巳○天喜限合武破紅耗○流年太陰化忌○又合身垣○並妻妾宮○流年大耗入遷移○合巨門與命垣○妻病甚重○原書云紅鸞天喜晚年不宜見○按紅鸞天喜咸池與大耗同宮○大小限均主尅

制妻妾。或有外遇。因紅鸞而耗金錢。或為娶親定親之年。或遇此等限運。有嫖妓戀愛之事。或女死妻亡之類。

上代若是同梁巨機日月等星守身命垣。或三合弔照。則所生之子女一代。必是七煞破軍貪狼武曲天相廉貞紫府等星守身命垣。或三合弔照。而孫輩又是日月同梁巨機等曜。（可查祖先牌位生辰推演便知以上得失只看福祿吉旺之星。擁護之力為何如。可見天運循環之理。再看坟地之厚薄亦可批判。並知其上代與後世所得所失。）

余在十六歲時。有山東海陽夏村附近某村崔銘初字鼎三先生來京。曾執弟子禮。其後偶為觀感之說請改正。批云少年常有英發之氣。不宜為此文。戒之戒之。其說至今猶記之。嗚呼。人生塵寰之中。如在夢境之內。百憂感其心。萬事勞其形。忽而為六欲。忽而為七情。或者為禍福。或者為榮辱。每匆匆與碌碌。倏百年而忽終。識時務者。心存定見。俱達觀者。推倒愁城。古往今來無非一大舞臺也。又何必藉薦於優伶。詳查該年。乃遇流年文昌與巨門同宮。故有此一段牢騷。考戊寅年九月初五日未時生。按巳時卽起浮雲。午時陰雲密布。微見雨點。未時青雲如烟。忽西北風來。墨雲尤低。聞西南方呱呱之聲不斷。乃巨門天機而守命垣者也。書云巨機居卯為破蕩。附有文昌。主文藝屬。對方大耗來合不安。能不盡其智辯而抵禦也哉。化忌波折不順。天梁守身恒在巳。孤獨而形小。有飄泊之象。因羊陀被迫。不得不爾。地空地刦相夾。多坎坷。不作自然看。卽出而觀之。遠望如風船蹈海烟一班。忽露頭。忽現尾。忽而身。忽而足。忽又不見。好似龍雲之變。乃向昌馬廉貞之宮而去。不聞亦不復見。原來小孩兒鑽入被服中矣。

天刑入廟。名曰天喜神。掌生殺之權。不入廟得之。若是工頭。亦是掌去留之權。在社會上。私人方面。又可主持事體。身命運限遇之亦然。按古代兵刑為一事。西漢書有刑法志。無兵志。兵制列於刑法制之首。古者大刑用甲兵。小刑亦可說是戒尺。帝典有明於五刑。以弼五教。故天刑有兵刑為一之意。又可作掌教之師。如僧如道為僧為道。是原書所有。辛巳五十七歲十一月十三日子時生。貪狼守身命垣在子。書云貪居亥子名曰泛水桃花。又因紫微來合。非僅謂貪狼也。紫貪並論。有文明之象。而好學神仙之術焉。考其相貌身軀。亦是貪而紫。紫而貪。年上辛金。外柔而內剛。別有古怪。桃花有指博愛之意。談奇說異。是其所喜。若只以女色判定較狹。快耳目悅身心。確亦有之。生時為子。身命同安。對方亦重要。府相左右魁鉞與諸吉共朝

○紫做正在升殿○得有輔佐○則主權貴矣○生平遇險有救○或賴此歟○大運在亥○驛馬飄泊○入戌合官祿宮○又合寅午兩方○當屬大展○惟羊鈴大耗化忌○任事每生波折○諸多不久○艱苦備嘗○曾充營團旅長官○及其他要職○卅五歲後雙祿化權相會○任河南各要職○富有二十餘萬之譜○四十五歲左右行財宮○因破軍如湯澆雪○辦理陝甘汽車○損失大半○輕重失當○其他不一而足○現好佛道○施葯濟世○而尚世外文學焉○蓋天刑日月巨同限運使然耳○桃花之名詞○乃亂花虛擲之意○生平奔走○歷十餘省○苦樂飽嘗○亦天然之性○以子女宮假借為妻宮看○因祿存合太陽天梁定顯光華○頗能主財○按其夫入之命盤巨日祿存守身垣在寅○又為財帛宮○與此巧合○亦是天緣所致○考其父母宮巨同○生前夫妻好拌嘴○聲稱其母故時○係吞鴉片死○在外奔走

紫貪為狐仙之類之精之靈。又如口內之舌頭。有口才吞吐伸縮之能力。得出納術。易於修練。（不出惡聲。亦是修練。）並代表一切心性情。口為水口子水。按相書云。嘴之上下左右有痣為水厄。尤主孤獨。舌根屬腎。中屬脾胃。左屬肝。右屬肺。而脾胃主中焦。腎主下焦。心主上焦。俗云舌為心之苗。口為出納官。惟舌是賴。舌屬紅白色。（即紫貪之一切意思）粉紅而潤者吉。吞多吐少。好吸烟。貪口腹。或賭博。亦在此。能說。好說。又好啾咕。（男女廉貞亦好說好啾咕。亦是舌尖。）原書謂貪狼臨於子女宮為陷。言其父母只可培植子女。子女不能奉養父母。或不得奉養。又因在外奔波。不得回家。或為女。或早亡。不得力也。（貪狼心性雖急躁。而好懶惰。又好借物不還。未得親視。

之意。總而言之曰。其貪若狼。其性為狐。翻臉不認人。過河就拆橋。古人命名。真實不虛。又為范蠡文種之故事。可以共患難。不可以共安樂。與該國王相貌亦同。

如某人之命。壬辰四十六歲五月初二日巳時生。紫破守命垣在丑。書云紫微破軍無左右無吉曜。凶惡壻吏之徒。內附化權昌曲來合。略緩其勢。火星來衝。小人側目。天刑主不夭則貧。羊鈴夾命垣。生平多奔馳走極端。身命垣又夾天機羊刃。亦是枯乾之象。祿存守身垣。主孤主財。紅鸞大耗同宮。暗昧不明。而心性孤高。或大言欺人。或竟說假話。居心不良。不可親近。書云紫破貪狼為至淫。男女邪淫。此貪狼合身會命。亦然。祿存陷於大耗之鄉。雖見財而無道。有財亦消。重於紅鸞。不濟親友也。又為妻妾宮。必因妻宮多病耗財。亦主浮花浪費。奢吝失當。考其本人之像。係貪狼兼廉貞。非祿存也。斗數發微論云。紫微愧遇破軍。淫奔大行。紅鸞羞逢貪宿。命身相剋。則心亂而不閒。玄媼三宮(卽天姚星)則邪淫湎耽酒。(不僅躭酒嗜鴉片亦不免)又云大耗會廉貞於官祿。架杻囚徒。(大耗亦是破軍。破軍亦是大耗。此耗破俱會。)廉貪在巳落陷附天姚。又在官祿。所遇可知。書云天姚若與敗星同。號曰人間掃氣嚚。辛苦平生過一世。不曾安跡在家中。此造一生飄泊在外。溺於烟色而已。將來一切不卜可知。某西醫甲午四十四歲二月廿七日戌時生。八字甲午丁卯甲戌甲戌。木三局。丙子冬月忽得三獎壹千五百元之數。除付外債。餘百元。乃問余為何有此彩氣。當卽答曰。丙祿在巳入命垣。天同守命又遇化祿。調之雙祿重逢。驚人甲第。故得中獎券。亦是驚人甲第事也。在未得奬以前各月。有種種大受擠兌之事。所以到手成空。况財宮大耗陀羅。何能積蓄。生平奔波不寧。田宅貪狼氣散。宜別創新業。按身命垣主半文半武。官祿巨機在酉落刦。無大官職。曾任軍醫多次。然非精進西醫者。此造兼看左輔右弼。而紫府不遇，不過一生為其父兄忙。因父母宮天府。兄弟宮破軍合紫微天相。可以說是盡孝道而無怨者。

趙君己未廿歲十一月十五日酉時生。天府令星守命垣在卯。武曲七煞守身垣在酉。心性剛強。考其相貌身軀。為七煞兼對方天府。丙子年小限在午。其父病故。因巨門流羊大耗三煞等凶星為害。又破生年之祿存。今年大耗臨身垣。小限入刦路。同梁遇馬。雖在學校讀書。而飄浮無定。心緒不寧。小限紅鸞。當見喜。惟天馬同梁與之同宮。小產滑胎。兄弟三人。此君居三。現其長兄經營商業。內部空虛。訟纏被拘。以寅方作長兄宮看。天喜合同梁紅鸞。定是飄蕩者。太歲壓宮。以午為官祿宮。巨門官符流羊力士（白虎歲破等來合）故如是。次兄現患精神病。似瘋似癲（以丑方作次兄宮看。按丁丑年流羊大歲衝之。即主不吉。為病之因。）余又查不僅此病。以申方借來為其疾厄宮看。天梁遇馬。常有淋濁遺精下瀉下寒之疾。天同又為氣分之疾。精神病亦由生氣所得。去年丁丑流羊衝其宮。羊刃主動。又主瘋顛肝旺之疾。今年紅喜魁鉞臨丑未。當有貴人救濟。明年流羊又衝。恐難醫葯。（流耗到申入疾厄宮。恐轉於時令症）。再考其家鄉坟地坐東向西。即是坐天府向武曲七煞。武煞為高大之山。因鐵路佔用此坟墓地基。移於他方。改為坐丑向未。即是坐紫破向天相。在未起靈之先。其父不見發展。遷入新塋。十餘年來突然大發。其父丙子年病故。

其家業與事體。不及兩載。頗見敗落。因破軍與對方羊刃終有破局變化。紫破旺氣已過。過則必敗。如湯澆雪。若在舊塋。發而不破。本命盤妻妾宮。紫破孤高破面有麻。文曲主左方面有孤痣。而化忌操心多管。不為順利論。或被尅而再娶。再考此君明年限運行刦。太歲歲破三煞衝身命垣。又是化忌。流羊衝之。仍主不祥。妻宮亦不安。為其次兄所借之宮垣。其次兄之吉凶。不言而喻。如將此命盤所斷活用各宮。審查明白。其他亦易了然。

杜友棠先生。乙酉五十三歲三月初四日辰時。火六局。武府守命垣為旺。主武職崢嶸。財權令名。天魁坐貴。左右昌曲天鉞化科加會。文武皆宜。紫府朝垣。府相朝垣等格。羊刃七煞廉貞拱照。武職威勇。而昌曲化科則文矣。廉貞守身。孤剛英斷。晚年宜入道門最祥。初行大運。飄泊奔走。行戌合官祿宮。即蒸蒸日上。因羊刃擾攘。中途每有變遷。行酉財祿遂心。諸多要好。必見消耗。而光風霽月。自是美境。行申美中不足。只因對方諸星為害。行未入刦。仁者樂山。智者樂水。欲上仙梯。何難之有。今年小運行亥。財貴驛馬。勞動利益。田宅化忌。波折是非。明年天機化忌。仍不安。流羊衝命。大歲衝身。小人相纏。流昌到身垣。當有進益。巳卯雙祿。財貴並臨。（大耗化忌入身不寧）。定有一翻新氣象。惟本身有尅制。因日月化忌。流羊又衝。中途生變。

延君甲午四十三歲四月卅日子時生。木三局。天府單守身命垣。考其面相當合對方紫微七煞。有軍官模樣。心地性情亦然。行動不安。蓋地空地刦使然。廿三歲後武貪三奇相聚。至營長職。民十六山西軍來北京。突任財局。又因天府財令之星所致。自稱此職。非所預料。眞奇遇也。惜為日不久。行申入正刦。巨日化忌死馬。不能屈就。徒自奔馳耳。

此以上各稿內。對於斗數十二宮活用假借等法。均係新發明。而宣洩其中之微妙。曾由考驗得來。如一掌經子平講十二宮者。襲此活用各法。評斷。頗有神秘。其他講十二宮者。若能假借拆用。亦有奇驗。望在此各草稿中搜求之可也。萬勿以批命看之。是借命盤推演直指用法之意。然亦不過作命理草案看。

編號	書名	作者	備註
占筮類			
1	擲地金聲搜精秘訣	心一堂編	沈氏研易樓藏稀見易占秘鈔本
2	卜易拆字秘傳百日通	心一堂編	
3	易占陽宅六十四卦秘斷	心一堂編	火珠林占陽宅風水秘鈔本
星命類			
4	斗數宣微	【民國】王裁珊	民初最重要斗數著述之一；未刪改本
5	斗數觀測錄	【民國】王裁珊	失傳民初斗數重要著作
6	《地星會源》《斗數綱要》合刊	心一堂編	失傳的第三種飛星斗數
7	《斗數秘鈔》《紫微斗數之捷徑》合刊	心一堂編	珍稀「紫微斗數」舊鈔秘本
8	斗數演例	心一堂編	
9	紫微斗數全書（清初刻原本）	題【宋】陳希夷	斗數全書本來面目；有別於錯誤極多的坊本
10-12	鐵板神數（清刻足本）——附秘鈔密碼表	題【宋】邵雍	無錯漏原版秘鈔密碼表　首次公開！
13-15	蠢子數纏度	題【宋】邵雍	蠢子數連密碼表　打破數百年秘傳　首次公開！
16-19	皇極數	題【宋】邵雍	清鈔孤本附起例及完整密碼表　研究神數必讀！
20-21	邵夫子先天神數	題【宋】邵雍	附手鈔密碼表　研究神數必讀！
22	八刻分經定數（密碼表）	題【宋】邵雍	皇極數另一版本；附手鈔密碼表
23	新命理探原	【民國】袁樹珊	子平命理必讀教科書！
24-25	袁氏命譜	【民國】袁樹珊	
26	韋氏命學講義	【民國】韋千里	民初二大命理家南袁北韋
27	千里命稿	【民國】韋千里	
28	精選命理約言	【民國】韋千里	北韋之命理經典
29	滴天髓闡微——附李雨田命理初學捷徑	【民國】袁樹珊、李雨田	命理經典未刪改足本
30	段氏白話命學綱要	【民國】段方	民初命理經典最淺白易懂
31	命理用神精華	【民國】王心田	學命理者之寶鏡

62	地理辨正補註 附 元空秘旨 天元五歌 玄空精髓 心法秘訣等數種合刊	【民國】胡仲言	貫通易理、巒頭、三元、三合、天星、中醫
63	地理辨正自解	【清】李思白	公開玄空家「分率尺、工部尺、量天尺」之秘
64	許氏地理辨正釋義	【民國】許錦灝	民國易學名家黃元炳力薦
65	地理辨正天玉經內傳要訣圖解	【清】程懷榮	秘訣一語道破，圖文并茂
66	謝氏地理書	【民國】謝復	玄空體用兼備、深入淺出
67	論山水元運易理斷驗、三元氣運說附紫白訣等五種合刊	【宋】吳景鸞等	失傳古本《玄空秘旨》《紫白訣》
68	星卦奧義圖訣	【清】施安仁	三元玄空門內秘笈　清鈔孤本 過去均為必須守秘不能公開秘密 與今天流行飛星法不同
69	三元地學秘傳	【清】何文源	
70	三元玄空挨星四十八局圖說	心一堂編	
71	三元挨星秘訣仙傳	心一堂編	
72	三元地理正傳	心一堂編	
73	三元天心正運	心一堂編	
74	元空紫白陽宅秘旨	心一堂編	
75	玄空挨星秘圖 附 堪輿指迷	心一堂編	
76	姚氏地理辨正圖說 附 地理九星并挨星真訣全圖 秘傳河圖精義等數種合刊	【清】姚文田等	蓮池心法　玄空六法 門內秘鈔本首次公開
77	元空法鑑批點本——附 法鑑口授訣要、秘傳玄空三鑑奧義匯鈔 合刊	【清】曾懷玉等	
78	元空法鑑心法	【清】曾懷玉等	
79	曾懷玉增批蔣徒傳天玉經補註【新修訂版原（彩）色本】	【清】項木林、曾懷玉	
80	地理學新義	【民國】俞仁宇撰	揭開連城派風水之秘
81	地理辨正揭隱（足本） 附連城派秘鈔口訣	【民國】王邈達	
82	趙連城傳地理秘訣附雪庵和尚字字金	【明】趙連城	
83	趙連城秘傳楊公地理真訣	【明】趙連城	
84	地理法門全書	仗溪子、芝罘子	巒頭風水，內容簡核、深入淺出
85	地理方外別傳	【清】熙齋上人	巒頭形勢、「望氣」「鑑神」
86	地理輯要	【清】余鵬	集地理經典之精要
87	地理秘珍	【清】錫九氏	巒頭、三合天星，圖文並茂
88	《羅經舉要》附《附三合天機秘訣》	【清】賈長吉	清鈔孤本羅經、三合訣法圖解
89–90	嚴陵張九儀增釋地理琢玉斧巒	【清】張九儀	清初三合風水名家張九儀經典清刻原本！

91	地學形勢摘要	心一堂編	形家秘鈔珍本
92	《平洋地理入門》《巒頭圖解》合刊	【清】盧崇台	平洋水法、形家秘本
93	《鑒水極玄經》《秘授水法》合刊	【唐】司馬頭陀、【清】鮑湘襟	千古之秘，不可妄傳匪人
94	平洋地理闡秘	心一堂編	雲間三元平洋形法秘鈔珍本
95	地經圖說	【清】余九皋	形勢理氣、精繪圖文
96	司馬頭陀地鉗	【唐】司馬頭陀	流傳極稀《地鉗》
97	欽天監地理醒世切要辨論	【清】欽天監	公開清代皇室御用風水真本
三式類			
98－99	大六壬尋源二種	【清】張純照	六壬入門、占課指南
100	六壬教科六壬鑰	【民國】蔣問天	由淺入深，首尾悉備
101	壬課總訣	心一堂編	過去術家不外傳的珍稀六壬術秘鈔本
102	六壬秘斷	心一堂編	
103	大六壬類闡	心一堂編	
104	六壬秘笈——韋千里占卜講義	【民國】韋千里	六壬入門必備
105	壬學述古	【民國】曹仁麟	依法占之，「無不神驗」
106	奇門揭要	心一堂編	集「法奇門」、「術奇門」精要
107	奇門行軍要略	【清】劉文瀾	條理清晰、簡明易用
108	奇門大宗直旨	劉毗	天下孤本 首次公開 虛白廬藏本《秘藏遁甲天機》 奇門不傳之秘 應驗如神
109	奇門三奇干支神應	馮繼明	
110	奇門仙機	題【漢】張子房	
111	奇門心法秘纂	題【漢】韓信（淮陰侯）	
112	奇門廬中闡秘	題【三國】諸葛武侯註	
選擇類			
113－114	儀度六壬選日要訣	【清】張九儀	清初三合風水名家張九儀擇日秘傳
115	天元選擇辨正	【清】一園主人	釋蔣大鴻天元選擇法
其他類			
116	述卜筮星相學	【民國】袁樹珊	民初二大命理家南袁北韋 南袁之術數經典
117－120	中國歷代卜人傳	【民國】袁樹珊	

編號	書名	作者	說明
占筮類			
121	卜易指南(二種)	【清】張孝宜	民國經典，補《增刪卜易》之不足
122	未來先知秘術——文王神課	【民國】張了凡	內容淺白、言簡意賅、條理分明
星命類			
123	人的運氣	汪季高(雙桐館主)	五六十年香港報章專欄結集！
124	命理尋源	【民國】徐樂吾	民國三大子平命理家徐樂吾必讀經典！
125	訂正滴天髓徵義		
126	滴天髓補註 附 子平一得		
127	窮通寶鑑評註 附 增補月談賦 四書子平		
128	古今名人命鑑		
129-130	紫微斗數捷覽(明刊孤本)[原(彩)色本] 附 點校本 (上)(下)	馮一、心一堂術數古籍整理編校小組 整理	明刊孤本 首次公開！
131	命學金聲	【民國】黃雲樵	民國名人八字、六壬奇門推命
132	命數叢譚	【民國】張雲溪	子平斗數共通、百多民國名人命例
133	定命錄	【民國】張一蟠	民國名人八十三命例詳細生平
134	《子平命術要訣》《知命篇》合刊	【民國】鄒文耀、【民國】胡仲言 撰	《子平命術要訣》科學命理；《知命篇》易理皇極、命理地理、奇門六壬互通
135	科學方式命理學	閻德潤博士	匯通八字、中醫、科學原理！
136	八字提要	韋千里	民國三大子平命理家韋千里必讀經典！
137	子平實驗錄	【民國】孟耐園	作者四十多年經驗 占卜奇靈 名震全國！
138	民國偉人星命錄	【民國】囂囂子	幾乎包括所民初總統及國務總理八字！
139	千里命鈔	韋千里	失傳民初三大命理家-韋千里 代表作
140	斗數命理新篇	張開卷	現代流行的「紫微斗數」內容及形式上深受本書影響
141	哲理電氣命數學——子平部	【民國】彭仕勛	命局按三等九級格局、不同術數互通借用
142	《人鑑——命理存驗·命理擷要》(原版足本)附《林庚白家傳》	【民國】林庚白	傳統子平學修正及革新、大量名人名例
143	《命學苑苑刊——新命》(第一集)附《名造評案》《名造類編》等	【民國】林庚白、張一蟠等撰	史上首個以「唯物史觀」來革新子平命學結集
相術類			
144	中西相人探原	【民國】袁樹珊	按人生百歲，所行部位，分類詳載
145	新相術	【美國】李拉克福原著、【民國】沈有乾編譯	通過觀察人的面相身形、色澤舉止等，得知性情、能力、習慣、優缺點等
146	骨相學	【民國】風萍生編著	結合醫學中生理及心理學，影響近代西、日、中相術深遠
147	人心觀破術 附運命與天稟	【日本】管原如庵、加藤孤雁原著，【民國】唐真如譯	觀破人心、運命與天稟的奧妙

編號	書名	作者	簡介
148	《人相學之新研究》《看相偶述》合刊	盧毅安	集中外大成，無不奇驗；影響近代香港相術名著
149	冰鑑集	【民國】碧湖鷗客	各家相法精華、相術捷徑、圖文並茂附名人照片
150	《現代人相百面觀》《相人新法》合刊	【民國】吳道子輯	失傳民初相學經典二種　重現人間！
151	性相論	【民國】余晉龢	民初北平公安局專論相學與犯罪專著（犯罪學生物學派）
152	《相法講義》《相理秘旨》合刊	韋千里、孟瘦梅	命理學大家韋千里經典、傳統相術秘籍精華
153	《掌形哲學》附《世界名人掌形》《小傳》	【民國】余萍客	圖文并茂、附歐美名人掌形圖及生平簡介
154	觀察術	【民國】吳貴長	可補充傳統相術之不足
堪輿類			
155	羅經消納正宗	【明】沈昇撰、【明】史自成、丁孟章合纂	失傳四庫存目珍稀風水古籍
156	風水正原	【清】余天藻	●積德為求地之本，形家必讀！
157	安溪地話（風水正原二集）		●純宗形家，與清代欽天監地理風水主張大致相同
158	《蔣子挨星圖》附《玉鑰匙》	傳【清】蔣大鴻等	窺知無常派章仲山一脈真傳奧秘
159	樓宇寶鑑	吳師青	陽宅風水必讀、現代城市樓宇風水看法改革
160	《香港山脈形勢論》《如何應用日景羅經》合刊		香港風水山脈形勢專著
161	三元真諦稿本——讀地理辨正指南	【民國】王元極	被譽為蔣大鴻、章仲山後第一人
162	三元陽宅萃篇		內容直接了當，盡揭三元玄空家之秘
163	王元極增批地理冰海　附批點原本地理冰海	【清】高守中　【民國】王元極	
164	地理辨正發微	【清】唐南雅	極之清楚明白，披肝露膽
165-167	增廣沈氏玄空學　附　仲山宅斷秘繪稿本三種、自得齋地理叢說稿鈔本（上）（中）（下）	【清】沈竹礽	玄空必讀經典！附《仲山宅斷》幾種鈔本及批點本，畫龍點晴、披肝露膽，道中刊印本未點破的秘訣
168-169	巒頭指迷（上）（下）	【清】尹貞夫原著、【民國】何廷珊增訂、批注	圖文并茂：龍、砂、穴、水、星辰九十九變 洩漏天機：蔣大鴻、賴布衣挨星秘訣及用法
170-171	三元地理真傳（兩種）（上）（下）	【清】趙文鳴	蔣大鴻嫡派真傳張仲馨一脈二十種家傳秘本、宅墓案例三十八圖，並附天星擇日
172	三元宅墓圖　附　家傳秘冊		
173	宅運撮要	【民國】尤惜陰（演本法師）、榮柏雲	撮三集《宅運新案》之精要
174	章仲山秘傳玄空斷驗筆記　附　章仲山斷宅圖註	【清】章仲山傳、【清】唐鷺亭纂	無常派玄空不外傳秘中秘！二宅實例有斷驗及改造內容
175	汪氏地理辨正發微　附　地理辨正真本	【清】蔣大鴻、姜垚原著、【清】汪云吾發微	蔣大鴻嫡派張仲馨一脈三元理、法、訣具體泄露
176	蔣大鴻家傳歸厚錄汪氏圖解	【清】蔣大鴻、【清】汪云吾圖解	
177	蔣大鴻嫡傳三元地理秘書十一種批注	【清】蔣大鴻原著、【清】汪云吾、【清】劉樂山註	三百年來最佳《地理辨正》註解！石破天驚！

178	《星氣(卦)通義(蔣大鴻秘本四十八局圖并打劫法)》《天驚秘訣》合刊	題【清】蔣大鴻 著	江西興國真傳三元風水秘本
179	蔣大鴻嫡傳天心相宅秘訣全圖附陽宅指南等秘書五種	【清】蔣大鴻編訂、【清】汪云吾、劉樂山註	蔣大鴻徒張仲馨秘傳陽宅風水「教科書」！
180	家傳三元地理秘書十三種		真天宮之秘 千金不易之寶
181	章仲山門內秘傳《堪輿奇書》附《天心正運》	【清】章仲山傳、【清】華湛恩	直洩無常派章仲山玄空風水不傳之秘
182	《挨星金口訣》、《王元極增批補圖七十二葬法訂本》合刊	[民國]王元極	秘中秘——玄空挨星真訣公開！字字千金！
183-184	《家傳三元古今名墓圖集附謝氏水鉗》《蔣氏三元名墓圖集》合刊(上)(下)	(清)孫景堂，劉樂山，張稼夫	蔣大鴻嫡傳風水宅案、幕講師、蔣大鴻、姜垚等名家多個實例，破禁公開！
185-186	《山洋指迷》足本兩種 附《尋龍歌》(上)(下)	【明】周景一	風水巒頭形家必讀《山洋指迷》足本！
187-196	蔣大鴻嫡傳水龍經注解 附 虛白廬藏珍本水龍經四種(1-10)	【清】蔣大鴻編訂、【清】楊臥雲、汪云吾、劉樂山註	蔣大鴻嫡傳一脈授徒秘笈 希世之寶 千年以來，師師相授之秘旨，破禁公開！完整了解蔣氏嫡派真傳一脈三元理、法、訣！附已知最古《水龍經》鈔本等五種稀見《水龍經》
197	批注地理辨正直解	【清】章仲山	無常派玄空必讀經典未刪改本！
198	《天元五歌闡義》附《元空秘旨》(清刻原本)		
199	心眼指要(清刻原本)		
200	華氏天心正運	【清】華湛恩	
201-202	批注地理辨正再辨直解合編(上)(下)	【清】蔣大鴻原著、【清】姚銘三再註、【清】章仲山直解	失傳姚銘三玄空經典重現人間！名家：沈竹礽、王元極推薦！
203	章仲山注《玄機賦》《元空秘旨》附《口訣中秘訣》《因象求義》等九種合刊	【清】章仲山	近三百年來首次公開！章仲山無常派玄空秘密，和盤托出！章仲山注《玄機賦》及章仲山原傳之口訣及筆記
204	章仲山門內真傳《三元九運挨星篇》《運用篇》《挨星定局篇》《口訣篇》等合刊	【清】章仲山、柯遠峰等	
205	章仲山門內真傳《大玄空秘圖訣》《天驚訣》《飛星要訣》《九星斷略》《得益錄》等合刊	【清】章仲山、冬園子等	
206	擷龍經真義	吳師青註	近代香港名家吳師青必讀經典
207	章仲山嫡傳《翻卦挨星圖》《秘鈔元空秘旨》 附《秘鈔天元五歌闡義》	【清】章仲山傳、【清】王介如輯撰	透露章仲山家傳玄空嫡傳學習次弟及關鍵不傳之秘
208	章仲山嫡傳秘鈔《秘圖》《節錄心眼指要》合刊		
209	《談氏三元地理大玄空實驗》附《談養吾秘稿奇門占驗》	【民國】談養吾撰	史上首次公開「無常派」下卦起星等挨星秘密之書
210	《談氏三元地理濟世淺言》附《打開一條生路》		了解談氏入世的易學卦德爻象思想
211-215	《地理辨正集註》附《六法金鎖秘》《巒頭指迷真詮》《作法雜綴》等(1-5)	【清】尋緣居士	集《地理辨正》一百零八家註解大成精華 匯巒頭及蔣氏、六法、無常、湘楚等秘本 史上最大篇幅的《地理辨正》註解
216	三元大玄空地理二宅實驗(足本修正版)	【民國】尤惜陰(演本法師)、榮柏雲撰	三元玄空無常派必讀經典足本修正版

編號	書名	作者	簡介
217	蔣徒呂相烈傳《幕講度針》附《元空秘斷》《陰陽法竅》《挨星作用》	【清】呂相烈	蔣大鴻門人呂相烈三元秘本三百年來首次破禁公開！
218	挨星撮要（蔣徒呂相烈傳）		
219-221	《沈氏玄空挨星圖》《沈註章仲山宅斷未定稿》《沈氏玄空學（四卷原本）》合刊（上中下）	【清】沈竹礽 等	揭開沈氏玄空挨星五行吉凶斷的變化及不同用法 章仲山宅斷未刪本、沈氏玄空學原本佚文、玄空挨星圖稿鈔本 大公開！
222	地理穿透真傳（虛白廬藏清初刻原本）	【清】張九儀	三合天星家宗師張九儀畢生地學精華結集
223-224	地理元合會通二種（上）（下）	【清】姚炳奎	分發兩家（三元、三合）之秘，會通其用詳解注羅盤（蔣盤、賴盤）；義理、斷驗俱精
其他類			
225	天運占星學 附 商業周期、股市粹言	吳師青	天星預測股市，神準經典
226	易元會運	馬翰如	《皇極經世》配卦以推演世運與國運
三式類			
227	大六壬指南（清初木刻五卷足本）		六壬學占驗課案必讀經典海內善本
228-229	甲遁真授秘集（批注本）（上）（下）	【清】薛鳳祚	明清皇家欽天監秘傳奇門遁甲 奇門、易經、皇極經世結合經典
230	奇門詮正	【民國】曹仁麟	簡易、明白、實用，無師自通！
231	大六壬探源	【民國】袁樹珊	民初三大命理家袁樹研究六壬四十餘年代表作
232	遁甲釋要	【民國】徐昂	推衍遁甲、易學、洛書九宮大義！
233	《六壬卦課》《河洛數釋》《演玄》合刊		疏理六壬、河洛數、太玄隱義！
234	六壬指南（【民國】黃企喬）	【民國】黃企喬	失傳經典 大量實例
選擇類			
235	王元極校補天元選擇辨正	原【清】謝少暉輯、【民國】王元極校補	三元地理天星選日必讀
236	王元極選擇辨真全書 附 秘鈔風水選擇訣	【民國】王元極	王元極天昌館選擇之要旨
237	蔣大鴻嫡傳天星選擇秘書注解三種	【清】蔣大鴻編訂、【清】楊臥雲、汪云吾、劉樂山註	蔣大鴻陰陽二宅天星擇日日課案例！
238	增補選吉探源	【民國】袁樹珊	按表檢查，按圖索驥：簡易、實用！
239	《八風考略》《九宮撰略》《九宮考辨》合刊	沈瓞民	會通沈氏玄空飛星立極、配卦深義
其他類			
240	《中國原子哲學》附《易世》《易命》	馬翰如	國運、世運的推演及預言